DIREITO E ÉTICA DA INTELIGÊNCIA ARTIFICIAL E DOS ALGORITMOS DE "CAIXA PRETA

José Eduardo de Souza Pimentel

Edição do autor

Às minhas amadas esposa Zaira e filha Natália.

CONTENTS

APRESENTAÇÃO

A presente obra faz a interseção do Direito com a Ciência da Computação, nos campos da Inteligência Artificial, do aprendizado de máquina, das redes neurais profundas e dos algoritmos de "caixa preta". Traz conceitos simplificados e, ao mesmo tempo, poderosos, para que o leitor compreenda o quanto são promissoras essas tecnologias e passe a refletir sobre os dilemas éticos e as questões legais que delas decorrem. Trata das modernas técnicas voltadas à explicabilidade algorítmica e das consequências do emprego da Inteligência Artificial nos âmbitos da Justiça Criminal, da pontuação de crédito e do reconhecimento facial, entre outros. Explica como as organizações internacionais e os grandes *players* de tecnologia têm se posicionado em relação aos problemas éticos ligados à Inteligência Artificial e de que forma a União Europeia e o Brasil se preparam para legislar sobre o assunto. Destaca, ainda, pontos do Regulamento Geral de Proteção de Dados da União Europeia (GDPR) e da Lei Geral de Proteção de Dados (LGPD) que repercutem nas aplicações de Inteligência Artificial.

LISTA DE ABREVIATURAS

AI	Artificial Intelligence
AutoML	Auto Machine Learning
COMPAS	Corretional Offender management Profiling for Alternative Sanctions
DL	Deep Learning
EBIA	Estratégia Brasileira de Inteligência Artificial (Portaria nº4.617, de 6 de abril de 2021, do Ministério da Ciência, Tecnologia e Inovações)
FICO	Fair Isaac Corporation
GDPR	General Data Protection Regulation (Regulamento Geral de Proteção de Dados da União Europeia)
GIRP	Global Model Interpretation via Recursive Partitioning
IA	Inteligência Artificial
LGPD	Lei Geral de Proteção de Dados (Lei nº 13.709/2018)

ML	Machine Learning
PSI	Pre-Sentence Investigation
XAI	Explainable Artificial Intelligence

1. INTRODUÇÃO

A inteligência artificial, particularmente no campo da aprendizagem de máquina (*machine learning*), tem evoluído rápida e surpreendentemente, em decorrência de três fatores igualmente importantes: a profusão de dados, potencializada pelo uso massivo da Internet, a evolução dos algoritmos e o aumento do poder computacional.

Vivemos conectados em redes de computadores e sensores e geramos conjuntos de dados (*datasets*) relacionados a praticamente todos os aspectos da nossa vida. Esse fato nos permite colher benefícios em diversos campos da experiência humana.

A análise automatizada de dados contribui para o diagnóstico de doenças, evita fraudes bancárias e a utilização indevida do nosso cartão de crédito, ajuda-nos a reencontrar os velhos amigos nas redes sociais, concede-nos boas indicações de produtos nos sites de compra, sugere os serviços de que necessitamos ou os filmes de que podemos gostar nos provedores de *streaming*, entre outras comodidades.

É fato, também, que governos e corporações tomam decisões sensíveis baseadas em tecnologia, como quando ranqueiam criminosos segundo a probabilidade de reincidir em condutas ilícitas, deliberam sobre a pontuação e a concessão de crédito ou recusam um candidato para o emprego.

A questão posta na aprendizagem de máquina é que o resultado das análises dos dados não deriva, necessariamente, de um algoritmo, tal como compreendido na sua acepção tradicional, ou seja, um roteiro de procedimentos escritos pelo programador, cuja lógica ele consegue explicar.

No atual estágio da tecnologia, o homem é, na verdade, um meta-programador, pois o algoritmo final, comumente chamado de modelo, é definido pelos próprios dados.

Surgem, assim, casos em que, nada obstante a reconhecida acurácia do modelo produzido, sua complexidade não é passível de ser compreendida e justificada.

Nesse cenário, conceituamos a inteligência artificial e a aprendizagem de máquina, explicando como esses termos se relacionam e de que forma os computadores se tornaram capazes de fazer predições.

Apresentamos, em seguida, os conceitos de algoritmos de "caixa preta" (*black-box algorithms*) e de vieses (*bias*), relacionando-os a casos de uso reais para ressaltar alguns problemas de ordem prática que deles possam derivar.

Seguimos identificando os direitos fundamentais possivelmente envolvidos nessas questões e as soluções de conciliação que têm emergido nas legislações, no ambiente acadêmico e no âmbito das grandes corporações.

A obra destaca, por fim, os projetos de lei nacionais sobre Inteligência Artificial, atualmente em trâmite na Câmara dos Deputados e no Senado Federal, para verificar se abordam o tema na sua completude e se estão aptos a garantir entre nós o uso ético e benéfico dessa tecnologia.

2. DOS ALGORITMOS TRADICIONAIS À INTELIGÊNCIA ARTIFICIAL

2.1 CONTEXTO: ERA DA INFORMAÇÃO

Na década de 80, Toffler (apud PINHEIRO, 2008, p. 6) observou que três ondas caracterizavam a evolução da humanidade.

A primeira onda representa a era agrícola e está fundada na propriedade da terra como instrumento de riqueza e poder.

A segunda onda compreende a denominada Revolução Industrial, com seu ápice ao tempo da Segunda Grande Guerra. Nela, a riqueza consiste na combinação da propriedade, do trabalho e do capital.

A terceira onda é a da informação, cujas primeiras manifestações foram observadas com as grandes invenções no campo das comunicações, de que são exemplos o telefone, o cinema, o rádio e a TV. Caracteriza-a o volume crescente de informação trafegada.

Com a implementação da tecnologia digital e criação da Internet, a terceira onda se consolida, agregando dois novos elementos: a velocidade de transmissão de informações e a descentralização de suas fontes.

Esse fenômeno, que se intensifica com a incorporação

da digitalização na atividade industrial, é designado como 4ª Revolução Industrial, Indústria 4.0 ou Manufatura Avançada e se revela pela "integração e controle da produção a partir de sensores e equipamentos conectados em rede e da fusão do mundo real com o virtual, criando os chamados sistemas ciberfísicos e viabilizando o emprego da inteligência artificial" (CONFEDERAÇÃO NACIONAL DA INDÚSTRIA, 2016, p. 11).

Adotando tais tecnologias, observa Anderson (2008), os computadores digitais tornaram as informações legíveis; a Internet as deixou acessíveis; os mecanismos de pesquisa as concentraram num único banco de dados; e, agora, empresas como o Google as têm como um laboratório da condição humana.

Diante da profusão dos dados, a informação já não é uma "questão de taxonomia" ou de "dimensões tridimensionais e quadridimensionais" (CONFEDERAÇÃO NACIONAL DA INDÚSTRIA, 2016, p. 11): as análises são dimensionalmente agnósticas, pois os dados, na ordem de grandeza dos petabytes, já não podem ser compreendidos ou observados na sua totalidade. Essa realidade é relevante porque nos conduz a primeiro enxergar os dados matematicamente para só depois estabelecer um contexto para eles, o que, para o citado autor, sugere a obsolescência do método científico.

A era dos dados também parece concentrar a informação em grandes corporações, como a Alphabet (a companhia-mãe do Google), Amazon, Apple, Facebook e Microsoft, inviabilizando novos *players* no mercado.

É suposto que essas empresas veem a economia "de cima" e estão aptas a copiar a tecnologia de uma *startup* que ganha tração ou mesmo adquiri-la, neutralizando a concorrência (THE ECONOMIST, 2017).

Essa realidade tem demandado iniciativas de atualização de leis antitrustes e de normas cujo escopo é o de restituir ao indivíduo do controle de seus dados pessoais, de que são exemplos o Regulamento Geral de Proteção de Dados da União Europeia

(GDPR) ou mesmo a nossa Lei Geral de Proteção de Dados Pessoais (LGPD), adiante examinadas.

Divisa-se, agora, a Sociedade 5.0, ideia surgida no Japão e concebida sob a premissa de que, no futuro, tudo estará conectado e demandará a adaptação da sociedade (MACIEL; NUNES, 2020, p. 8).

Nesse ambiente, é desejável que a inovação e o bem-estar da população não sejam mutuamente excludentes e que as tecnologias baseadas na inteligência artificial, *big data*, *data mining*, internet das coisas, robótica, entre outras respeitem as necessidades e direitos individuais e coletivos dos usuários.

No contexto, explicam Maciel e Nunes (2020, p. 8), "os sistemas inteligentes se tornarão aliados para resolver problemas como o envelhecimento da população, o recurso limitado à energia elétrica, desastres naturais, a desigualdade social e a falta de segurança".

2.2 O QUE SÃO ALGORITMOS?

A palavra algoritmo deriva do nome do matemático persa Al-Khwarizmi, autor de obra do século IX sobre técnicas para fazer "matemática à mão" (CHRISTIAN; GRIFFITHS, 2017, p. 7), o que hoje se conhece por álgebra.

Por algoritmo se entende uma sequência finita de passos destinada à resolução de um problema. Nesse sentir, uma receita de bolo com a descrição das etapas do preparo se encaixa no conceito.

A ideia de algoritmo não se restringe, destarte, à área da computação e, de fato, precede a esta. É conhecido que um tablete de barro sumério encontrado próximo a Bagdá, com cerca de 4 mil anos de existência, continha um "esquema para uma longa operação de divisão" (CHRISTIAN; GRIFFITHS, 2017, p. 7), sendo compreendido como um algoritmo matemático.

Há um significativo hiato, porém, entre os algoritmos matemáticos de outrora e os algoritmos modernos voltados aos computadores, cuja utilidade deriva justamente da execução das chamadas tarefas de programação.

De fato,

> usar computadores para resolver problemas empregando o algoritmo apropriado acelera a tarefa significativamente e é a razão pela qual o desenvolvimento de novos algoritmos progrediu tão rapidamente desde o aparecimento de sistemas computacionais potentes (MUELLER; MASSARON, 2018, p. 10)

Soffner (2013, p. 21) observa que "os algoritmos são o centro da computação, pois a principal tarefa, ao se escrever um programa para computador, é planejar um algoritmo que produza a solução e possa ser repetido indefinidamente".

Na tentativa de construir o conceito formal de algoritmos para a ciência da computação, Brookshear (2013, p. 154) explica:

> (...) a definição requer que o conjunto de passos em um algoritmo seja ordenado. Isso significa que os passos em um algoritmo devem ter uma estrutura bem estabelecida em termos da ordem de sua execução. Isso não significa, no entanto, que os passos devam ser executados em uma sequência formada por um primeiro passo, seguido de um segundo e assim por diante. Alguns algoritmos, conhecidos como algoritmos paralelos, contêm mais de uma sequência de passos, cada uma delas projetada para ser executada por diferentes processadores em uma máquina multiprocessada. Em tais casos, o algoritmo, de um modo geral, não possui uma única linha de execução semelhante ao cenário de primeiro passo, segundo passo. No lugar disso, a estrutura do algoritmo está na forma de múltiplas linhas de execução, que criam desvios e se reconectam à medida que diferentes processadores realizam diferentes partes da tarefa. (...) Outros exemplos incluem algoritmos executados por circuitos, como o flip-flop (...), no qual cada porta realiza um único passo do algoritmo. Nesse caso, os passos são ordenados por causa e efeito, à medida que a ação de

cada porta é propagada através do circuito.

Na mesma trilha, Mueller e Massaron (2018, p. 11) compreendem os algoritmos computacionais como uma sequência de passos usada para solucionar o problema, ou seja, um "método único de resolver uma questão fornecendo uma solução em particular". Podem conter conceitos além dos matemáticos ou lógicos, como uma fórmula, por exemplo.

De acordo com os autores, para que um processo seja representativo de um algoritmo, é imperioso que reúna as seguintes características:

> **Finito**: o algoritmo deve, em algum momento, solucionar o problema (...).
>
> **Bem definido**: as séries de passos devem ser precisas e apresentar sequências compreensíveis [aos computadores] (...).
>
> **Eficaz**: um algoritmo deve solucionar todos os casos do problema para o qual foi definido. Deve sempre solucionar o problema ao qual se destina. Embora você deva antecipar algumas falhas, a incidência de falhas é rara e ocorre somente em situações que são aceitáveis para o uso pretendido do algoritmo (idem, p. 11).

Em feliz síntese, Soffner (2013, p. 21) define o algoritmo como "o conjunto de passos, passível de repetição, que resolve o problema".

No sentido tradicional, portanto, o algoritmo computacional é o conjunto finito de tarefas bem definidas destinado à resolução do problema específico para os qual foi criado.

2.3 INTELIGÊNCIA ARTIFICIAL E APRENDIZAGEM DE MÁQUINA

A Inteligência Artificial (IA) é uma área da ciência da computação interessada na construção de máquinas autônomas (agentes) que respondem racionalmente a estímulos do meio ambiente, normalmente captados por sensores (BROOKSHEAR, 2013, p. 414). As soluções de IA são inspiradas – embora operem de forma bastante diferente – na maneira como as pessoas usam os seus corpos e sistemas nervosos para sentir, aprender, raciocinar e agir (STONE, 2016).

Contempla uma classificação bastante importante para a organização do conhecimento. A primeira subdivisão, denominada de IA forte (*Strong AI*) estaria reservada a uma máquina de propósito geral, equivalente aos seres humanos, por ora inexistente. É do âmbito da ficção científica.

A outra subdivisão, conhecida como IA fraca (*Weak AI*) corresponde à IA com a qual nos deparamos na atualidade e que resolve problemas específicos para as quais foram pré-programadas (KOPEC, 2019, p. 177).

Russel e Norvig (2003, p. 1) explicam que o termo IA engloba, atualmente, uma grande variedade de subcampos, que abrangem áreas mais generalistas, como as de aprendizagem e percepção, e áreas mais específicas, como jogar xadrez, provar teoremas matemáticos, escrever poesia e diagnosticar doenças. Observam os autores que, na medida em que a IA automatiza tarefas intelectuais, torna-se potencialmente relevante para qualquer campo da atividade intelectual humana.

Garcia (2020, p. 15) sintetiza que a IA é "uma área da computação voltada a desenvolver algoritmos e sistemas capazes de realizar tarefas que demandam habilidades associadas à inteligência humana".

Máquinas desta espécie, cada vez mais comuns, são capazes de "perceber" extraindo informações dos dados que capturam. Essas informações se consolidam em conhecimento procedural (como fazer) ou declarativo (o que fazer), que, em alguns casos, podem melhorar com o tempo (BROOKSHEAR, 2013, p. 415).

Em 1950, Alan Turing propôs o *benchmark* da inteligência artificial, conhecido como "Teste de Turing"[1]-[2], que seria alcançado quando alguém, formulando perguntas através de um teclado, não pudesse distinguir se as respostas provinham de um humano ou de uma máquina. Ele previa que, perto do ano de 2000, os computadores passariam nesse teste.

Essa realidade aconteceu bem antes que o previsto, na década de 60, quando Joseph Weizenbaum[3] criou o *Eliza[4]*, um software voltado ao processamento de linguagem natural, que reestruturava as perguntas formuladas para respondê-las e, quando não as compreendia, respondia com um "continue" ou "isso é muito interessante"[5].

A versão mais conhecida do *Eliza*, o *Doctor*, foi testada com algum sucesso em psicoterapia e deu lugar às primeiras questões éticas ligadas à inteligência artificial.

O próprio Weizenbaum passou a defender a dignidade humana em face da evolução tecnológica (BROOKSHEAR, 2013, p. 418). Na sua obra *Computer Power and Human Reason: from judgement to calculation*, escrita em 1976, o autor estabeleceu que decisões relevantes sempre deveriam ser tomadas por humanos e não pela inteligência artificial, por serem aqueles dotados de compaixão e sabedoria.

A impressão de que os computadores têm criatividade pode ocorrer quando da utilização de sistemas especialistas, como os que dão suporte a diagnósticos médicos implementados em linguagens de programação cuja lógica simula o raciocínio de causa e efeito que os humanos adotam nas mesmas situações, ou nas disputas de xadrez em que as máquinas decidem por jogadas calculadas por força bruta em grafos de estado.

Luger (2013, p. 12) questiona, entretanto, a utilidade de se encaixar a inteligência artificial no molde humano. Para o autor, deveríamos decidir se queremos máquinas fazendo cálculos tão lentamente quanto o ser humano ou tirar proveito dos recursos computacionais para a solução de problemas práticos e específicos.

O campo da Inteligência Artificial que mais tem despertado interesse é o da denominada aprendizagem de máquina (*machine learning* ou ML), no qual os computadores aprendem, isto é, constroem modelos[6] para a solução dos problemas, a partir dos dados com os quais operam.

Em outros dizeres, os computadores "aprendem algumas informações novas sem que lhes tenham sido ditas explicitamente" (KOPEC, 2019, p. 175).

Géron (2019, p. 7-8) destaca os cenários em que a aprendizagem de máquina é indicada:

> a) Problemas para os quais as soluções existentes exigem muita configuração manual ou longas listas de regras: um algoritmo de aprendizado de máquina geralmente simplifica e melhora o código;
>
> b) Problemas complexos para os quais não existe uma boa solução quando utilizamos uma abordagem tradicional: as melhores técnicas de aprendizado de máquina podem encontrar uma solução;
>
> c) Ambientes flutuantes: um sistema de aprendizado de máquina pode se adaptar a novos dados; e
>
> d) Compreensão de problemas complexos e grandes quantidades de dados.

Desse modo, a Inteligência Artificial compreende o conhecimento das ferramentas que fazem com que os computadores se comportem de forma inteligente, enquanto a aprendizagem de máquina, como ramo da IA, reflete a capacidade dos computadores de aprender sem que sejam explicitamente programados, tornando-os aptos, assim, a fazer previsões a partir dos dados a que são expostos.

Nesse caminho, o *machine learning* se apresenta como uma das ferramentas que tornam os computadores inteligentes.

2.4 COMO AS MÁQUINAS APRENDEM?

A aprendizagem de máquina pressupõe o uso de algoritmos para manipular dados.

Segundo Garcia (2020, p. 15):

> A máquina será capaz de aprender se a ela for definido o passo a passo da tarefa, um algoritmo, assim como o ser humano aprende dos livros. Numa outra abordagem, a do aprendizado de máquina, em vez de modelar e ensinar o computador cada etapa do processo, são fornecidas instruções de como aprender a partir de exemplos e dados. Isso significa que as máquinas podem ser usadas para tarefas novas e complicadas sem que seja programado manualmente o passo a passo de solução. Ela deve depreender do histórico de soluções qual o padrão do problema e qual deve ser o processo de solução.

A base da aprendizagem de máquina é matemática. Os algoritmos são vistos por Mueller e Massaron (2019, p. 30) como containers, que abarcam métodos para resolver um tipo de problema particular.

Os autores citados ensinam que esses algoritmos adotam uma das cinco abordagens a seguir mencionadas: raciocínio simbólico, conexões modeladas nos neurônios do cérebro, algoritmos evolucionários que testam variação, inferência bayesiana e sistemas que aprendem por analogia.

O raciocínio simbólico compreende a dedução e a indução (às vezes chamada de dedução reversa).

Pela técnica das conexões, faz-se uma analogia com os neurônios cerebrais. Os algoritmos resolvem pequena parte do problema, como se fossem neurônios. Trabalhando em paralelo, formam uma rede de neurônios, esta sim voltada ao problema como um todo. Nesse cenário aparece um conceito bastante importante, sobre o qual falaremos adiante, que é o da retro-propagação (*backpropagation*) ou propagação regressiva de erros. A propagação regressiva de erros tenta entender sob que condições os erros são mitigados das redes artificiais, alterando os pesos (o quanto uma entrada em particular afeta o resultado) e as tendências (as características selecionadas) do conjunto. As alterações de pesos e das tendências ocorrem individualmente nas unidades e continuam até que a saída corresponda à desejada, quando ativam o neurônio artificial em particular. Quando o neurônio artificial é ativado, o processo alcança o próximo neurônio. Desse modo, cada neurônio gera uma solução para parte do problema e a repassa ao neurônio seguinte, e isso sucessivamente, até que o grupo de neurônios produza a saída final (MUELLER; MASSARON, 2019, p. 31).

Os algoritmos evolucionários adotam uma estrutura de árvore que verifica a variação e testa as soluções em cada nível; criam, então, a função do nível seguinte, mais próxima de resolver o problema. Essa técnica se beneficia da recursividade dos algoritmos.

A inferência bayesiana se caracteriza pela adoção de métodos estatísticos para a solução de problemas, de acordo com a probabilidade do sucesso. O filtro de *spam* em geral se utiliza desse método.

Os sistemas que aprendem por analogia se beneficiam do reconhecimento de padrões definidos da comparação de conjunto de entradas com saídas conhecidas. A semelhança pode conduzir à solução do problema. Os sistemas de recomendações são exemplos do uso dessa técnica.

Géron (2019, p. 8-23) ensina que os sistemas de aprendizado de máquina também podem ser classificados de acordo com a quantidade e o tipo de supervisão que recebem durante o treinamento.

Propõe que as soluções de ML sejam classificadas em 3 grandes categorias[7]:

    a) conforme sejam ou não treinadas com supervisão humana (aprendizado supervisionado, aprendizado não supervisionado e aprendizado por reforço);

b) conforme aprendam ou não de forma incremental e de acordo com o fluxo de dados recebido (aprendizado *online* e aprendizado em lotes); e

c) conforme generalizem a partir de instâncias ou com base em modelos (aprendizado baseado em instâncias e aprendizado baseado em modelo).

Géron (2019, p. 8-23) explica que, no aprendizado supervisionado, os dados de treinamento fornecidos ao algoritmo incluem as soluções desejadas, chamadas de rótulos (ou *labels*). São tarefas típicas do aprendizado supervisionado a classificação (*spam* ou não *spam*) e a previsão de um valor numérico (ex. preço de um carro a partir de determinadas características ou atributos), pela técnica da regressão.

Nesse campo, destacam-se os seguintes algoritmos: k-Nearest Neighbours, Regressão Linear, Regressão Logística, Máquinas de Vetores de Suporte (SVM), Árvores de Decisão e Florestas Aleatórias e Redes Neurais (ressalvando-se, em relação a estas, que algumas arquiteturas podem ser não supervisionadas).

No aprendizado não supervisionado, os dados de treinamento não são rotulados. O emprego comum da técnica é o da redução da dimensionalidade. Os algoritmos mais usados nessa modalidade são:

a) para *clustering*: K-Means, Clustering Hierárquico (HCA, do Inglês) e Maximização da Expectativa;

b) para visualização e redução da dimensionalidade: Análise de Componentes Principais (PCA, do Inglês), Kernel PCA, Locally-Linear Embedding (LLE), t-distributed Stochastic Neighbor Embedding (t-SNE); e

c) para aprendizado da regra da associação: Apriori e Eclat.

A redução da dimensionalidade é uma tarefa muito importante. Tem o objetivo de simplificar os dados sem perder muita informação[8]. O exemplo citado pelo autor é o da correlação entre quilometragem de um carro e seu tempo de uso. O algoritmo pode encontrar a correlação entre essas características e mesclá-las a uma terceira, que represente o desgaste do carro.

A detecção de anomalias é outra tarefa não supervisionada de grande utilidade. Por ela se detectam fraudes, defeitos de fabricação ou mesmo dados incomuns (*outliers*), neste caso convindo removê-los do conjunto de dados que será fornecido a novas instâncias do aprendizado de máquina.

No aprendizado semi-supervisionado se trabalha com dados parcialmente rotulados. Géron (2019) cita o Google Fotos como exemplo, em particular a funcionalidade com a qual o usuário rotula algumas fotos, indicando a pessoa que aparece nelas, o que permite ao software identificá-la em outras fotografias não rotuladas.

No contexto do aprendizado por reforço – prossegue o autor – o sistema é chamado de agente. O agente observa o ambiente e executa ações, que são passíveis de recompensas ou penalidades. O algoritmo aprende por si só a melhor estratégia (política) para obter o maior número de recompensas no tempo. Nesse caso, o exemplo citado é o do AlphaGo da DeepMind[9].

No aprendizado em lote, o sistema é incapaz de aprender de forma incremental. Ele é treinado com os dados disponíveis, o que demanda tempo e recursos computacionais. O treino é *off-line*. Não é adequado para sistemas que têm que se adaptar aos dados continuamente.

No aprendizado *on-line*, o treinamento do sistema ocorre de forma incremental (geralmente *off-line*, o que causa alguma confusão de terminologia). Alimentam-se as instâncias de dados em pequenos grupos (ou mini-lotes) e o sistema aprende com os dados assim que eles chegam. São adequados às soluções que recebem os dados de forma contínua. A arquitetura é muito sensível à entrada de dados ruins, podendo experimentar a degradação de seu desempenho. Assim sendo, a detecção de anomalias é muito importante.

No sistema de aprendizado baseado em instância, a aprendizagem se dá com a memorização de características dos exemplos e sua generalização, segundo alguma medida de similaridade.

No aprendizado baseado em modelo, cria-se um modelo para fazer previsões – por exemplo, uma função linear – e, a partir de tal seleção, ajustam-se alguns parâmetros para que o modelo se torne mais adequado aos dados.

Em qualquer dos casos, porém, os algoritmos aprendem seguindo a lógica de que é possível representar a realidade através de uma função matemática (ainda não conhecida), que será definida após o processamento de uma fração dos dados disponíveis.

Na lição de Mueller e Massaron (2019, p. 170), "você expressa a realidade e toda a sua desafiadora complexidade em termos de funções matemáticas desconhecidas que os algoritmos de aprendizado de máquina descobrem e tornam vantajosas".

Garcia (2020, p. 16) ressalta que um mesmo algoritmo de ML pode gerar modelos distintos dependendo da base de dados de treinamento, dando como exemplo um sistema de diagnóstico de câncer e um sistema de previsão do comportamento de ações, aquele útil para o domínio da saúde e este para o mercado financeiro.

Para Grus (2016, p. 142), a aprendizagem de máquina consiste na criação e uso de modelos que são definidos a partir dos dados.

O "algoritmo aprendiz", explica o autor, possui uma função generalizada, que comporta 3 componentes: a representação, a avaliação e a otimização. Pela representação, o algoritmo cria um modelo, ou seja, uma função que produz um resultado para entradas específicas (os dados de entrada); pela avaliação, o algoritmo determina quais modelos (pode haver mais de um) se mostram mais eficientes, classificando-os conforme se aproximam do resultado desejado; por fim, pela otimização, o algoritmo aponta para o modelo de melhor resultado após o processo de treinamento.

2.5 APRENDIZAGEM PROFUNDA (DEEP LEARNING)

Falar em Inteligência Artificial a partir de 2010 quase sempre diz respeito à área da aprendizagem de máquina (ML) e, particularmente, a uma subárea específica, conhecida como redes neurais profundas (*deep neural networks*), aprendizado profundo, aprendizado estruturado profundo ou aprendizado hierárquico. Diz respeito a algoritmos que buscam aprender automaticamente com os dados de entrada em múltiplos níveis de abstrações, responsáveis pela obtenção de insights e insights avançados (BARI; CHAOUCHI; JUNG, 2019, p. 185).

O conceito de redes neurais existe há décadas, mas o interesse pela técnica ressurgiu recentemente em virtude do aumento do poder computacional e da criação de novos softwares, que viabilizaram o novo paradigma em IA conhecido como aprendizagem profunda (*Deep Learning* ou DL). O DL não diz respeito a um algoritmo propriamente dito, mas uma família de algoritmos que implementam modelos de múltiplas camadas e que demandam bastante capacidade de processamento (IBM, 2018).

A aprendizagem profunda se inspira no funcionamento do cérebro humano – ainda que esse funcionamento não seja completamente conhecido pela neurociência – mais especificamente na capacidade de aprender através de exemplos. Os exemplos ativariam áreas específicas do cérebro, conectando conjuntos particulares de neurônios, que, nos mamíferos, contam-se aos bilhões.

Na rede neural artificial, ao invés de neurônios biológicos, têm-se centenas ou milhares de unidades de processamento, que viabilizam a aprendizagem pelo computador. Espera-se, idealmente, que, quando os computadores sejam chamados a aprender com os exemplos, o façam com mais eficiência do que os humanos, ou seja, com velocidade, precisão e sem preconceitos.

Nesse ponto já se observa que a aprendizagem profunda se distingue das abordagens de aprendizagem de máquina tradicionais.

Supondo-se, por exemplo, uma aplicação que trabalhe com imagens. No ML tradicional, as imagens serão apresentadas ao computador acrescidas de informações (*features*) que as discriminam. É um requisito para que a máquina, possa, por exemplo, classificá-las. Na aprendizagem profunda não há necessidade de se informar as características das imagens e o algoritmo pode discriminá-las automaticamente a partir dos objetos que lhe são exibidos.

De fato,

> [...] a extração de atributos, também conhecida como engenharia de atributos, é um processo muito demorado e que deve ocorrer, na maioria dos casos, antes da aplicação de um modelo preditivo. É também um processo na rota de processamento da análise preditiva que tem muita influência na acusaria final do modelo. Os algoritmos de aprendizado profundo são desenhados para pular o passo de extração de atributos da análise preditiva e do aprendizado de máquina. O aprendizado automático de atributos relevantes para os dados de treinamento é a principal vantagem do aprendizado profundo (BARI; CHAOUCHI; JUNG, 2019, p. 185).

A NVIDIA, fabricante de GPUs (*Graphical Processing Units*)[10] empregadas em sofisticadas soluções de Inteligência Artificial, compreende o aprendizado profundo como a evolução do aprendizado de máquina e o posiciona no estado da arte, conforme sugere a figura reproduzida abaixo.

Figura 1 – Artificial Intelligence, Machine Learning and Deep Learning

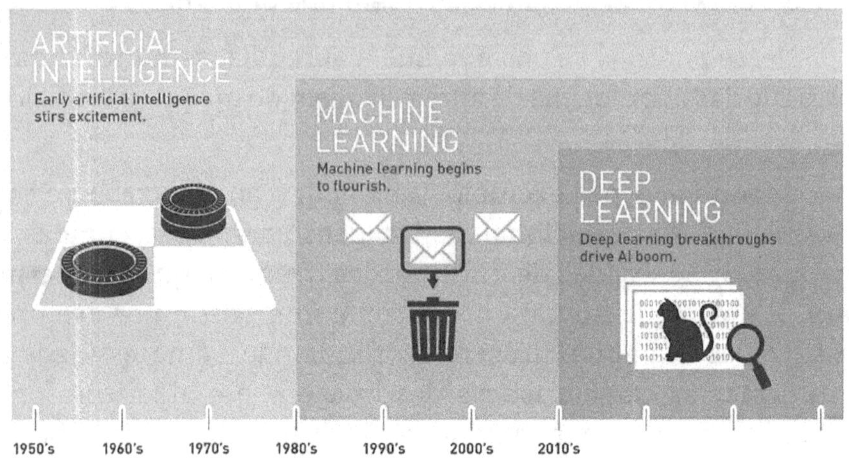

Fonte: Blog NVIDIA. 2016. Disponível em: <https://blogs.nvid-ia.com/blog/2016/07/29/whats-difference-artificial-intelligence-machine-learning-deep-learning-ai/>. Acesso em: 28 mar. 2021.

Desse modo, uma rede neural computacional pode servir a infinitos propósitos, embora as seguintes áreas venham se destacando nos dias presentes:

a) Visão computacional: reconhecimento de objetos, segmentação semântica, descrição de cenários etc. Essa área permite a evolução de carros autônomos;

b) Processamento de linguagem natural (*Natural Language Processing – NLP*): tecnologia empregada em dispositivos tecnológicos, incluindo as assistentes virtuais e *chatbots*, que os permitem reconhecer a fala humana. Uma subárea muito interessante da NLP é a da análise de sentimentos, destinada a buscar e classificar opiniões em textos;

c) *Healthcare*: na área da saúde, o DL tem contribuído para o diagnóstico de doenças a partir de imagens médicas, consultas e sugestões de tratamento, coleta de dados médicos ampliada (*cloudsourced medical data colection*), descoberta de drogas e cirurgia robótica. Cita-se, para breve futuro, a implementação da medicina personalizada[11];

d)   Problemas clássicos de ML, a saber: sistemas de recomendação, detecção de fraudes, marketing direcionado, avaliação de ecossistema etc.

A aprendizagem de máquina pressupõe:

a) dados de entrada;

b) exemplos de saída e

c) um modo de medir se o algoritmo está fazendo um bom trabalho.

A partir de representações dos dados, isto é, de diferentes modos de torná-los compreensíveis aos computadores (*encode*), o algoritmo encontra a solução do problema que se tem em vista, como, por exemplo, quando os classifica. No DL, o processo ocorre em vários níveis de representação. Diz-se que, quanto mais existam, mais profunda é a rede neural artificial (CHOLLET, 2018, p. 6).

Carvalho (2021) explica que as várias unidades de processamento - às vezes chamadas de neurônios[12] - que compõem uma rede neural artificial são conectadas por canais de comunicação que, por sua vez, são associadas a determinados pesos. As unidades fazem operações exclusivamente sobre dados locais, que são entradas recebidas por suas conexões.

O neurônio armazena um vetor de pesos e o combina com o vetor de entrada, notando-se que esses vetores compreendem números de ponto flutuante. Na saída do neurônio há uma função de ativação - que quase sempre é não linear[13] - que, ao exceder certo limite (*threshold*), permite que a unidade produza determinada resposta de saída. Essa característica é análoga ao disparo de um neurônio biológico.

O treinamento faz com que os pesos dos neurônios sejam ajustados de acordo com os padrões apresentados. Essa característica é o que permite ao modelo aprender com os dados que lhe servem de exemplos.

Os neurônios são organizados em camadas conectadas umas às outras:

a) camada de entrada, que recebe os sinais da entidade externa;

b) camadas intermediárias ou ocultas, responsáveis pela maior parte do trabalho, que, atuando através das conexões ponderadas, manipulam os números de ponto flutuante; e

c) camada de saída, da qual se espera o resultado inteligente.

Kopec (2019, p. 179) apresenta o seguinte exemplo: suponha que a rede neural tenha por escopo classificar imagens de 10x10 pixels de animais, tomadas em preto e branco. A camada de entrada poderia ter 100 neurônios para representar a intensidade na escala de cinzas de cada pixel das imagens e a camada de saída poderia ter 5 neurônios, cada qual representativo da possibilidade de a imagem ser de um mamífero, um réptil, um anfíbio, um peixe ou uma ave. A solução oferecida pelo modelo seria, então, determinada pelo neurônio, de saída que apresentasse o maior número de pontos, gerados a partir das ativações e ponderações das camadas anteriores.

É neste momento que entra em ação um novo componente, que se reconhece por retropropagação (*backpropagation*). Essa propriedade encontra erros na saída de uma rede neural e ajusta os pesos dos neurônios. Assim procedendo, faz com que os neurônios que propagam mais erros sofram maior modificação. Essa ação ocorre na fase de treinamento.

Explica Kopec (2019, p. 181):

O primeiro passo na retropropagação é calcular o erro entre a saída da rede neural para uma entrada e a saída esperada. Esse erro está espalhado por todos os neurônios da camada de saída (...). A derivada da função de ativação do neurônio de saída é então aplicada no valor que foi gerado pelo neurônio como saída, antes de sua função de ativação ter sido aplicada (armazenamos a saída em cache, antes da aplicação de sua função de ativação).

(...)

Os deltas devem ser então calculados para cada neurônio da(s) camada(s) oculta(s) da rede. Devemos determinar a parcela de erro pela qual cada neurônio foi responsável ao gerar a saída incorreta na camada de saída. Os deltas da camada de saída são usados para calcular os deltas da camada oculta anterior. Para cada camada anterior, os deltas são calculados tomando-se o produto escalar dos pesos da próxima camada em relação ao neurônio específico em questão e os deltas já calculados na próxima camada. Esse valor é multiplicado pela derivada da função de ativação aplicada à última saída de um neurônio (armazenada em cache antes de a função de ativação ter sido aplicada) a fim de obter o delta do neurônio. Novamente essa fórmula é obtida usando uma derivada parcial (...).

Na sequência, os pesos de todos os neurônios da rede são atualizados. Essa atualização compreende a última entrada do peso de cada unidade pelo respectivo delta e pelo que se denomina taxa de aprendizagem.

Como se nota, as redes neurais funcionam, essencialmente, como um sistema de probabilidade: são alimentadas por dados e com eles fazem afirmações, tomam decisões ou estabelecem previsões com algum grau de correção; um *loop* de *feedback* permite aos algoritmos entender o quanto acertaram ou erraram nas suas respostas; finalmente, os programas modificam suas abordagens sobre os dados e ajustam as novas saídas, tornando-as mais acertadas. É por isso que se diz que redes neurais melhoram na medida que trabalham com mais dados.

O processo de modificar o peso de um neurônio é conhecido como gradiente descendente: "o delta representa a direção que queremos seguir e a taxa de aprendizagem afeta a velocidade com que seguimos" (idem, p. 183). Note-se, mais uma vez, que o programador não determina os valores dos pesos necessários para solucionar um problema específico (BROOKSHEAR, 2013, p. 447).

Após a atualização dos pesos, inicia-se um novo ciclo de treinamento. O processo se repete até que se entenda que a rede está bem treinada, o que pode ser objeto de verificação pelo cotejo da saída com as informações esperadas.

Nesse sentir,

> o aprendizado profundo utiliza a abordagem "dividir e conquistar" para detectar padrões muito complexos. Na verdade, um algoritmo de aprendizado profundo tenta dividir o problema de detecção de padrões complexos em partes menores. Ele faz isso detectando um conjunto de subpadrões menos complexos que, coletivamente, levarão à descoberta do padrão original (BARI; CHAOUCHI; JUNG, 2019, p. 186).

A propriedade mais importante das redes neurais é, portanto, aprender com o ambiente e melhorar continuamente o seu desempenho, o que é feito, como visto, por um processo iterativo de ajustes dos pesos. Assim, o aprendizado ocorre quando a rede neural chega a uma solução generalizada para uma classe de problemas (CARVALHO, 2021).

Carvalho (2021) discrimina os seguintes paradigmas de aprendizado:

a) aprendizado supervisionado, no qual um agente externo indica à rede a resposta desejada para o padrão de entrada;

b) aprendizado não supervisionado ou de auto-organização, que não contempla o agente externo indicando a resposta desejada para os padrões de entrada; e

c) por reforço, no qual o agente externo avalia a resposta fornecida pela rede.

A apresentação de todos os N pares - de entrada e saída - do conjunto de treinamento no processo de aprendizado corresponde ao ciclo. A correção dos pesos pode ocorrer de três modos distintos (CARVALHO, 2021; MUELLER; MASSARON, 2019, p. 292):

a) modo padrão ou *on-line*: a correção de pesos acontece a cada apresentação à rede de um exemplo do conjunto de treinamento, ou seja, em cada iteração; a cada ciclo ocorrem N correções;

b) modo lote ou *batch*: a correção ocorre por ciclo, após a visualização a todos os dados do conjunto de treinamento; é baseada no erro médio ou nos gradientes somados de todos os exemplos; e

c) modo mini-lote ou estocástico: a atualização dos pesos ocorre depois que a rede processou uma subamostra de exemplos selecionados no conjunto de treinamento; introduz a álea (subamostragem) para que o gradiente descendente não fique posicionado em locais mínimos.

Existem múltiplos algoritmos de aprendizado profundo e diversas arquiteturas de redes neurais[14], cuja abordagem fugiria ao escopo do trabalho.

Anota-se, ainda, o surgimento de ferramentas de *auto machine learning* (AutoML), que buscam automatizar a escolha do algoritmo de aprendizado profundo capaz de gerar o modelo de mais alto desempenho e acurácia.

O AutoML "democratiza o processo de desenvolvimento do modelo de *machine learning*", permitindo que usuários, ainda que não capacitados em ciência de dados ou programação, identifiquem "um *pipeline* de *machine learning* de ponta a ponta para qualquer problema" (MICROSOFT, 2020).

Essa possibilidade, entretanto, observam Abbassi, Kitchens

e Ahmad (2019), levanta questões sobre como deveria ser a interação entre dados, modelos e especialistas para maior controle de todo o processo.

3. ALGORITMOS DE "CAIXA PRETA"

3.1 VISÃO GERAL DO PROBLEMA

Algoritmos de "caixa preta" compreendem uma metáfora que se relaciona à impossibilidade de se olhar para dentro de uma solução de inteligência artificial baseada em aprendizado profundo e entender como ela funciona.

Atualmente, quanto maior a rede neural e a quantidade de dados que pode ser adicionada a ela, melhor será o desempenho do modelo. O DL é muito poderoso, mas tem alguma desvantagem: é praticamente impossível determinar como o sistema chegou a determinada conclusão (IBM, 2018).

Como explica Zednic (2019, p. 3), os desenvolvedores de ML exercem uma influência limitada sobre o modo como o modelo chega à solução. Embora decidam sobre princípios arquitetônicos básicos, possam escolher o algoritmo de aprendizagem adequado e controlem o ambiente de aprendizagem, os programadores não influem nos parâmetros relativos aos pesos das conexões individuais da rede e, em razão disso, não saberão, de fato, como o problema foi resolvido.

Essa característica, segundo o autor, longe de ser indesejável, é, talvez, a grande vantagem dos métodos de *machine learning*, pois eles conseguem identificar soluções altamente intuitivas e sutis que dificilmente seriam encontradas mediante a utilização de abordagens tradicionais (ZEDNIK, 2019, p. 4).

É sentido que

> [...] algo inerentemente qualitativo mudou no aprendizado profundo, quando comparada a redes neurais rasas, trocando o paradigma no aprendizado de máquina de criação de características (que facilitam o aprendizado) para aprendizado de características (características complexas, criadas automaticamente com base nas reais). Pesos-pesados, como Google, Facebook, Microsoft e IBM, identificaram a nova tendência e, desde 2012, adquirem empresas e contratam especialistas (...) nos novos campos do aprendizado profundo. O projeto Google Brain, executado por Andrew Ng e Jeff Dean, reúne 16 mil computadores para calcular uma rede de aprendizado profundo com mais de um bilhão de pesos, permitindo o aprendizado não supervisionado de vídeos do YouTube (MUELLER; MASSARON, 2019, p. 297).

Aqui reside o principal dilema das redes neurais computacionais, ou seja, o seu maior paradoxo: apesar de eficientes, seus resultados não são facilmente explicáveis, parecendo que foram obtidos de uma espécie de mágica, dada a opacidade do sistema.

A Agência de Projetos de Pesquisa Avançada em Defesa dos EUA já observou existir "uma tensão inerente entre o desempenho do aprendizado de máquina (precisão preditiva) e a explicação; muitas vezes os modelos de melhor acurácia (por exemplo, aprendizagem profunda) são os menos explicáveis e os mais explicáveis (por exemplo, árvores de decisão) são menos precisos" (tradução do autor)[15].

Segundo a agência:

> O problema da explicação é, em certa medida, o resultado do sucesso da IA. Nos primeiros dias da IA, os métodos de raciocínio predominantes eram lógicos e simbólicos. Esses primeiros sistemas foram fundamentados pela realização de alguma forma de inferência lógica em símbolos compreensíveis aos humanos. Os primeiros sistemas poderiam gerar o caminho das etapas de inferência, que então se tornaram a base

> para a explicação. Como resultado, houve um trabalho significativo sobre como tornar esses sistemas explicáveis (Shortliffe & Buchanan, 1975; Swartout, Paris, & Moore, 1991; Johnson, 1994; Lacave & Díez, 2002; Van Quaresma, Fisher, e Mancuso, 2004).
>
> No entanto, esses sistemas iniciais eram muito menos eficazes; eles se mostraram muito caros para construir e eram muito frágeis contra as complexidades do mundo real. O sucesso veio à medida que os pesquisadores desenvolveram novas técnicas que empregavam o aprendizado de máquina para construir modelos do mundo em suas próprias representações internas. Essas novas técnicas incluem máquinas vetoriais de suporte, florestas aleatórias, modelos gráficos probabilísticos, aprendizado de reforço e redes neurais de aprendizagem profunda. Embora esses modelos mais opacos sejam mais eficazes, eles são menos explicáveis (tradução do autor)[16].

Na mesma linha, Kopec (2019, p. 203):

> Mesmo quando funcionam bem, as redes neurais não fornecem muitos insights ao usuário acerca de como elas resolveram o problema. (...)
>
> É possível que uma análise cuidadosa dos pesos finais da rede após o treinamento pudesse oferecer alguns insights, mas uma análise desse tipo não é trivial e não fornece o tipo de insight que, por exemplo, uma regressão linear forneceria no que concerne ao significado de cada variável na função sendo modelada.
>
> Em outras palavras, uma rede neural pode resolver um problema, mas não explica como o problema é resolvido.

Há diversas iniciativas voltadas à explicabilidade dos algoritmos de "caixa preta". Até mesmo outras redes neurais profundas têm sido empregadas para formular representações de alto nível do ambiente de aprendizagem abstrato para a identificação dos parâmetros mais relevantes para a solução do problema, o que é mais importante para a compreensão do comportamento do sistema do que o conhecimento dos pesos das conexões individuais (ZEDNIK, 2019).

3.2 EXPLICABILIDADE ALGORITMICA (XAI)

Os avanços contínuos da IA no campo do aprendizado profundo têm trazido inúmeros benefícios para a humanidade, mostrando-se muito mais promissores do que os modelos lineares ou baseados em árvores de decisão.

De fato, quanto mais profunda a rede neural (i.e., com mais camadas) e mais dados de treinamento, maior a precisão que se obtém com o modelo. Em contrapartida, menores são as possibilidades de se explicar como a máquina chegou à resposta. Nessa condição, o código não estabelece, previamente, as correlações da análise, que provêm *a posteriori* da interação com os dados.

Em muitos casos, não há qualquer problema em não se saber como o sistema chegou a determinado resultado.

Molnar (2019) cita os seguintes exemplos:

a) o modelo não tem impacto significativo: casos em que a solução não tem repercussão social ou financeira;

b) o problema é bem estudado: casos de modelos que são empregados há um bom tempo e cujos problemas dele derivados são bem conhecidos e já foram resolvidos (o autor aponta como exemplo o reconhecimento ótico de caracteres); e

c) o sistema pode ser manipulado: hipóteses em que o usuário não deve conhecer a correlação entre as variáveis de entrada e a saída, pois, do contrário, influiria no resultado (o autor exemplifica com a pontuação de crédito, sobre a qual falaremos adiante, supondo haver incompatibilidade entre os objetivos do programador e os do usuário).

Há situações, entretanto, em que a explicabilidade é de fundamental importância.

São os casos das IA usadas na medicina para sugerir diagnósticos, procedimentos ou tratamentos invasivos. Cuida-se de situação em que é preciso compreender o porquê de um resultado, justificá-lo, ponderá-lo com outros elementos fáticos ou subjetivos para, enfim, partir para a ação interventiva.

O mesmo acontece nas áreas de concessão de créditos, recrutamento de empregos, arbitramento de fiança e obtenção de livramento condicional (*probation*) atrelados ao prognóstico de reincidência criminal, entre outros, aspectos da vida em que a IA já se faz presente e que desafia direitos humanos fundamentais[17].

Outra razão pela qual a explicabilidade dos modelos se faz necessária diz respeito à aferição dos vieses. É preciso saber se a inteligência artificial está reproduzindo vieses dos dados de treinamento, se grupos específicos estão bem representados nos dados em termos de gênero, etnia, demografia etc., pois, do contrário, as respostas tendem a ser igualmente tendenciosas e reproduzir discriminações indesejáveis.

Mais um motivo: aprimoramento do sistema. Figure-se o incidente de 18 de março de 2018, quando um carro autônomo atropelou uma pedestre em Tempe, Arizona. A investigação da ocorrência passa pela compreensão do comportamento da IA, sem a qual não é possível interpretar a falha ou mesmo corrigi-la. É o que confortará a sociedade acerca da segurança da tecnologia empregada.

Fala-se, por fim, da necessidade de se verificar se a IA não possui artefatos ocultos, adicionados intencionalmente ou não[18] aos dados de treinamento, que possam, eventualmente, influir no resultado.

Nota-se, assim, que a necessidade de se compreender o modelo vai além da possibilidade de auditoria dos códigos-fontes, cujo trabalho, para os fins citados, resultaria inconclusivo.

De acordo com Gutierrez (apud PINTO, 2020):

> [i]sso não significa, [...], a impossibilidade de auditorias e processos de *accountability* sobre sistemas

> de IA baseados em *machine learning* supervisionado. Nesse caso específico, é possível que se faça um registro dos logs de treinamento e calibragem dos sistemas de IA. A auditoria seria focada não no código-fonte, mas nesses logs que não são os inputs paramétricos desse tipo de sistemas de IA. Aliás, a construção e revisão desses parâmetros por equipes interdisciplinares e baseadas em amplo espectro de diversidade têm sido um mecanismo alternativo por empresas para evitar *by default* que esses sistemas tenham vícios de origem ou incorram em decisões éticas ou legalmente condenáveis. Embora ainda não sejam um requisito regulatório, os registros desses logs podem ser um importante recurso para empresas preocupadas em demonstrar seu compromisso e transparência [...]. Isso porque os parâmetros de correlações são formulados de maneira independente pelos sistemas a partir da interação com o ambiente dinâmico. E como foram formulados a partir de lógicas incomuns ao raciocínio humano, há grande dificuldade para se explicar de forma humanamente inteligível como esses sistemas chegaram a determinadas correlações ou resultados. E aqui, talvez, tenhamos de reconhecer que somos mesmo humanamente incapazes de fazê-lo e que necessitamos de outros ferramentais.

Nos casos em que explicabilidade é imperiosa, os cientistas recorrem a um conjunto de técnicas, inéditas ou adaptadas, do aprendizado de máquina que desenham modelos explicativos ou ajudam os usuários finais a compreender, gerenciar e, em última análise, confiar nos seus sistemas de aprendizagem profunda. O conjunto desses esforços tem sido denominado *Explainable Artificial Intelligence* e é designado pelo acrônimo XAI.

Embora o termo ainda não se apresente unívoco, o XAI tem se apresentado com duas concepções bem marcantes (GUIDOTTI; MONREALE; PEDRESHI, 2019):

a) ***eXplanation by Design* (XbD)**: a decisão do modelo é transparente desde a concepção. A forma de construção do modelo concede que tenhamos na saída o resultado e respectiva explicação lógica concomitantemente;

b) ***Black Box eXplanation* (BBX)**: neste formato, o sistema XAI constrói uma explicação para os dados de saída de um algoritmo de "caixa preta". A concepção se subdivide em:

- explicação do modelo pela lógica global do classificador;

- explicação do resultado para um determinado registro; e

- inspeção do modelo para a verificação de seu comportamento, o que se faz com a alteração dos dados de entrada e utilização de uma ferramenta visual.

Demajo, Viella e Dingli (2021) reúnem os modelos de XAI em 3 categorias principais, a saber:

a) **Explicações globais**: o emprego da técnica fornece um "raciocínio geral" ou de "lógica geral" para informar sobre as previsões. É a abordagem preferida dos reguladores e cientistas de dados, normalmente preocupados com o funcionamento justo do modelo e com sua conformidade. Cita-se, como exemplo, o *Global Model Interpretation via Recursive Partitioning* (GIRP)[19], método pós-hoc que fornece saída na forma de árvore de decisão e regras do tipo if-then;

b) **Explicações locais baseadas em recursos**: nessa abordagem, objetiva-se um entendimento local sobre como e por que uma previsão específica foi feita. É uma modalidade de explicação que pode interessar, por exemplo, ao cliente de uma financeira cujo crédito foi negado.

c) **Explicações locais baseadas em instâncias**: na mesma linha da abordagem anterior, objetiva um entendimento local sobre casos específicos. O caso em estudo deve ser justificado a partir de previsões duplas, ou seja, em cotejo com uma saída conhecida para uma situação semelhante. No caso de uma negação de crédito, por exemplo, a análise é feita em conjunto com a de um pedido anteriormente aceito e que se tornou inadimplente. O resultado do XAI é, normalmente, um protótipo.

Não existe um único método XAI capaz de explicar o DL na sua totalidade.

O DL é um algoritmo de "caixa preta" ou opaco e sua não-explicabilidade é ínsita à sua inerente complexidade.

De toda sorte, os esforços empreendidos nas diversas abordagens da XAI vem crescendo em razão da necessidade de compatibilizar o emprego dos modelos de aprendizagem de máquina de maior acurácia e, ao mesmo tempo, justificar as decisões amparadas por IA, quando incidem em áreas mais sensíveis.

O XAI objetiva, ainda, que a IA sirva de ferramenta à sociedade, expandindo a experiência humana, realçando o protagonismo do homem no processo decisório e garantindo que ele não seja substituído pela máquina.

É, em última análise, uma forma de contornar a tendência cada vez mais sentida de se delegar a algoritmos opacos a tomada de decisão em domínios sensíveis.

3.3 VIESES (BIAS)

Um mesmo algoritmo pode servir a diversos domínios, gerando modelos distintos, de acordo com os dados que lhe são apresentados. Para um dado domínio, entretanto, a aprendizagem de máquina depende essencialmente da qualidade dos dados de treinamento a que é exposta.

Não basta, porém, que os dados estejam corretos. É preciso que não carreguem preconceitos de qualquer espécie, pois, do contrário, tendem a reproduzi-los na solução do problema a que se relacionam.

Esse fenômeno é conhecido como viés estatístico (*bias*)

e consiste em erros sistemáticos produzidos pelo processo de medição ou de amostragem (BRUCE e BRUCE, 2019, p. 46)[20]. É o que se conhece informalmente por tendenciosidade ou parcialidade do modelo.

Dados de treinamento são amostras e, como regra, devem conter as mesmas características básicas da população que representa em relação ao problema que se pretende resolver (FERRAZ, 2017, p. 12).

Esse cuidado, todavia, não garante por si só que o modelo esteja livre de vieses, cujas origens são sutis e, às vezes, inesperadas.

Vieses podem derivar da fonte dos dados, do conteúdo dos dados (incluindo elementos que o modelo deveria ignorar)[21] e do próprio treinamento (como, por exemplo, quando definimos o que é bom ou ruim no contexto da classificação de um modelo).

Note-se, entretanto, que a introdução do viés no modelo nem sempre é óbvia, aparecendo na forma de *unknown unknowns*[22], como no caso verificado em 2014, quando a Amazon se utilizou da IA para auxiliá-la no recrutamento de colaboradores e o gênero masculino foi favorecido. Descobriu-se tempos depois que a ferramenta penalizava palavras femininas encontradas em currículos, porque as mulheres foram sub-representadas no conjunto de dados de treinamento, formado por 10 anos de currículos enviados majoritariamente por homens (JONES, 2019).

Bruce e Bruce (2019, p. 43) advertem:

> um equívoco comum é pensar que a era do *big data* significa o fim da necessidade de amostragem. Na verdade, a proliferação de dados de qualidade e relevâncias variáveis reforça a necessidade da amostragem como ferramenta para trabalhar eficientemente com uma variedade de dados e para minimizar o viés. Mesmo em um projeto de *big data*, os modelos preditivos são tipicamente desenvolvidos e conduzidos com amostras, que são usadas também em testes de diversos tipos (por exemplo, precificação, *web treatments*).

A pandemia do novo coronavírus, observada a partir de

2019, comprovou essa assertiva.

Com efeito, a propagação desenfreada da infecção motivou empresas e instituições de renome a lançarem mão da IA para detectar a doença em tomografias computadorizadas, raios-X ou outras formas de imagens médicas. Buscaram-se modelos[23] que distinguissem a pneumonia do Covid-19[24] ou que pudessem prever a morte do paciente ou a necessidade de ventilação mecânica. Os resultados, porém, não foram satisfatórios ao termo do primeiro ano de pesquisas, pois a urgência do problema fez com que os programadores treinassem seus modelos com dados que continham vieses óbvios ou não representavam a população-alvo (ROBERTS et. al., 2021).

No geral, a construção de modelos demanda considerar a importância de certas características dos conjuntos de dados, incluindo a distribuição demográfica, por idade, por sexo, religião etc., para se evitarem os vieses. Nesse desiderato, diversos estudos e iniciativas vêm sendo empreendidos com o objetivo de garantir que as soluções derivadas da aprendizagem de máquina sejam justas (*fairness*)[25].

O trabalho de Corbett-Davies e Goel (2018) explica que esses esforços são observados em três abordagens distintas:

a)   a **anti-classificação**: pela qual se garante que certos atributos, ditos protegidos, como raça ou gênero, não sejam explicitamente considerados pelo modelo para a tomada das decisões;

b)   a **paridade de classificação**: implica em aferir se as medidas comuns de desempenho preditivo - como por exemplo as taxas de falso positivo ou falso negativo - são iguais nos grupos definidos pelos atributos protegidos; e

c)   a **calibração**: pela qual se garante que os resultados independam dos atributos protegidos.

Os autores ponderam, entretanto, que tais metodologias são

deficientes para detectar a discriminação algorítmica e que, ao contrário do que pode parecer à primeira vista, em muitos casos é preciso que os modelos considerem explicitamente as características protegidas para não impactar negativamente nos segmentos minoritários. Exemplificam com a IA usada no sistema de justiça criminal americano destinado a indicar o risco da recidiva criminosa. Nesse caso, pontuações de risco neutra em termos de gênero superestimam a predição em relação a mulheres, pois é consabido que elas têm menos probabilidade de cometer um crime violento no futuro do que os homens com biografia criminal semelhante. Reconhecendo esse problema, algumas jurisdições, como a de Wisconsin, adotam modelos de avaliação de risco específicos conforme o gênero do acusado.

Na prática, concluem, é preciso um esforço significativo para construir preditores justos, sendo preferível definir e medir cuidadosamente os alvos da previsão a buscar que os algoritmos satisfaçam formalizações matemáticas específicas.

3.4 O CASO COMPAS

Os Estados Unidos têm usado a IA para aprimorar a Justiça Criminal. Diante da tensão conflituosa entre a função estatal de prover segurança pública e a necessidade fática de se limitarem os encarceramentos, diversas jurisdições têm optado pela prisão dos criminosos com maior risco de reincidir e reservado penas alternativas para os demais.

É nesse contexto que certas cortes de Justiça têm se valido da solução informatizada conhecida como COMPAS, acrônimo de *Correctional Offender management Profiling for Alternative Sanctions*, para a discriminação dos casos elegíveis à prisão.

O COMPAS é um software proprietário que analisa dados de um questionário e os sopesa com outras variáveis (que podem incluir informações demográficas, administrativas, entrevistas etc.) para gerar um relatório indicativo da possibilidade, representada por notas de 1 a 10, de o imputado reincidir, classificando-o como de baixo, médio ou alto risco (WASHINGTON, 2018).

Ficou muito conhecido o caso de Eric. L. Loomis, em Wisconsin (norte dos EUA), que recebeu, em 2016, pena máxima em sentença fundamentada na classificação de alto risco estabelecida pela ferramenta.

A Defesa apelou da decisão, alegando que, desconhecendo como o algoritmo predizia o risco e qual a sua acurácia, haveria ofensa ao princípio do devido processo legal. Invocou o precedente conhecido como *Gardner v. Florida* (1977), no qual a Suprema Corte invalidou condenação à morte imposta por juiz que teve acesso a dados de um PSI (*Pre-Sentence Investigation*) não compartilhados com as partes do processo[26].

O recurso, entretanto, foi desprovido pelo tribunal estadual com base em dois fundamentos principais: os relatórios do COMPAS foram disponibilizados igualmente à acusação e à defesa; e a defesa teve oportunidade de corrigir as respostas do questionário utilizadas para a avaliação do risco (WASHINGTON, 2018).

O debate público que se instalou após o caso se deveu à descoberta de que o modelo contemplava vieses.

3.5 SCORE DE CRÉDITO

A IA tem sido largamente empregada para estabelecer pontuação de crédito (*credit score*) e, em consequência, contribui diretamente para que instituições financeiras concedam ou não empréstimos com base em parâmetro indicativo da probabilidade de que a dívida contraída seja honrada pelo seu tomador.

Citam-se como benefícios da utilização de modelos preditivos para esse tipo de análise a redução dos custos operacionais das financeiras, a redução da subjetividade na concessão dos empréstimos e a diminuição do risco de inadimplência, fatores que tornam o crédito mais barato e, supostamente, favoreceriam o consumidor (DEMAJO; VELLA; DINGLI, 2021).

Existem diversos métodos de pontuação, muitos dos quais protegidos pelo segredo industrial. Os mais conhecidos são os sistemas da *Fair Isaac Corporation (FICO Score)*[27] e o *VantageScore*, empregados pelas três principais agências de crédito dos EUA: *TransUnion, Experian* e *Equifax.*

Os modelos parecem levar em consideração o histórico dos pagamentos, as dívidas pendentes, o tempo total das concessões de crédito, a frequência com que o consumidor pleiteia um novo crédito e os tipos de crédito vigentes. A pontuação baixa resultante implica em negativa de crédito ou taxa de juros maior para o consumidor. A pontuação alta inclui, além dos benefícios já citados, recompensas em cartões de crédito e prêmios de seguro menores.

É curial que, na medida que essas decisões impactam diretamente a vida das pessoas, as empresas de pontuação de crédito sejam cada vez mais demandadas pela sociedade a explicar as decisões de sua IA.

De fato, no final de 2019, a Apple foi instada a se pronunciar sobre o algoritmo subjacente ao *Apple Card*, depois que David Heinemeier Hanson o acusou de sexismo. Hanson observara que seu limite de crédito era 20 vezes maior do que o da esposa, embora ambos declarassem o imposto de renda conjuntamente. O fato foi objeto de investigação pelo *New York State Department of Financial Services* porque, se comprovado, ofenderia à *Equal Credit Opportunity Act* (ECOA), lei de 1974 que proíbe a discriminação na concessão de crédito com base em etnia, cor, religião, nacionalidade, sexo, estado civil ou idade. Ao termo da sindicância não foram encontradas evidências de que a IA privilegiava os homens nas cerca de 400.000 solicitações auditadas. O relatório final nos adverte, porém, para o fato de que dados usados pelos credores no desenvolvimento e teste de um modelo podem perpetuar resultados tendenciosos não intencionais (NEW YORK STATE DEPARTMENT OF FINANCIAL SERVICES, 2021).

Assim, ao lado de uma centena de patentes de *machine learning*, as empresas dedicadas à pontuação de crédito vêm investindo também em ferramentas que capacitam seus clientes a melhorar e justificar as decisões dos negócios, integrando abordagens de inteligência artificial explicável (XAI), do que é exemplo o *FICO Analytics Workbench TM*[28] (CARVALHO; PEREIRA; CARDOSO, 2019; IT FORUM, 2018).

É digno de nota que a FICO tenha patrocinado em 2018 uma competição para que fossem selecionados trabalhos relacionados à explicabilidade de modelos de *credit score* e, ao final, premiado a equipe da *Duke University* (Chaofan Chen, Kangcheng Lin, Cynthia Rudin, Yaron Shaposhnik, Sijia Wang e Tong Wang), cujo trabalho consistiu em um modelo transparente de resultados quase tão precisos (cerca de 74%) quanto aos do modelo de "caixa preta"[29].

A opção pelo uso de modelos explicáveis e transparentes no âmbito da pontuação de crédito e em outras áreas sensíveis pode surgir como tendência nos casos em que a acurácia é próxima a dos modelos opacos e há a necessidade de se atender à normatização específica ou conciliar os interesses das partes envolvidas.

3.6 RECONHECIMENTO FACIAL

O reconhecimento facial é a técnica baseada em inteligência artificial que relaciona um rosto em uma fotografia, um vídeo ou uma captura de tempo real a determinado indivíduo. Tem sido largamente empregada para o desbloqueio de dispositivos eletrônicos, de veículos e de áreas de acesso (segurança biométrica), na segurança pública, no controle de fronteiras, no encontro de pessoas desaparecidas, em publicidade e experiência do consumidor, na assistência médica, no controle de frequência e presença etc.

Em uma visão bastante genérica das soluções de reconhecimento facial, são descritas 4 etapas do processo (KASPERSKY, s.d.):

a) a detecção facial,

b) a análise facial,

c)   a conversão da imagem em uma representação matemática; e

d)   a correspondência da imagem pesquisada com um registro da base de dados.

O processo se inicia, portanto, com a detecção de um rosto em uma imagem, que pode estar isolado ou em meio a uma multidão. A maior parte das ferramentas incide sobre imagens 2D, mais aptas a se relacionar com fotografias públicas ou de bancos de dados.

Na sequência, o algoritmo mede as distâncias entre olhos, sobrancelhas, nariz, boca e outras características faciais e as traduz em uma representação matemática, também conhecida como número de notação de objeto (AWS, s.d.).

É nesse estágio que as informações analógicas que constituem um rosto são transformadas em informações digitais, obtendo-se o código numérico de impressão facial (*faceprint*), que se supõe único para cada indivíduo (KASPERSKY, s.d.).

Esse código é, então, comparado com os códigos da base de dados, estabelecendo-se um índice de probabilidade (pontuação de similaridade) de que os rostos comparados se relacionem a uma mesma identidade.

A Microsoft possui sua solução de reconhecimento facial e a disponibiliza para teste no site da Azure. No teste realizado, o algoritmo conseguiu estabelecer a identidade do autor, com índice de confiança de 0,842, ao comparar duas fotografias tiradas em intervalo de 30 anos (Figura 2).

Figura 2 – Solução Azure de verificação facial

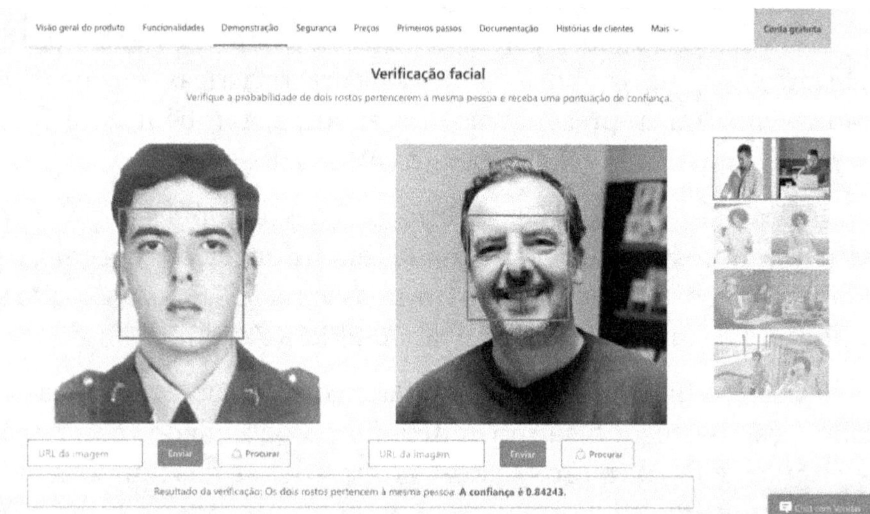

Fonte: Microsoft Azure. Disponível em: <https://azure.microsoft.com/pt-br/services/cognitive-services/face/#features>. Acesso em: 14 abr. 2021.

Na medida em que a tecnologia de reconhecimento facial se difunde, diversas preocupações vêm sendo levantadas pela sociedade civil e representantes de minorias.

Também nesse campo existe a necessidade de que o algoritmo seja treinado com conjunto de dados abrangente das características de diversos grupos demográficos, pois a pequena representatividade de um deles implicará no desempenho inferior do modelo para indivíduos que o integram. É por isso que as soluções desenvolvidas na China são mais precisas na identificação de asiáticos.

É conhecido que, em junho de 2015, um usuário do Google Fotos observou que a IA da plataforma classificava seus amigos negros como gorilas. Essa associação não foi intencionalmente programada, mas determinada pelo conjunto de dados de treinamento, insuficiente para distinguir a pessoa do animal. Cogitou-se de que isso aconteceu porque a equipe de desenvolvimento não era diversa o bastante para detectar o erro na fase de teste. O Google, constrangido, resolveu o problema suprimindo a etiqueta "gorilas" de sua aplicação (SALAS, 2018), fato que por si só revela a incapacidade dos desenvolvedores de consertar os algoritmos de "caixa preta".

Registram-se, também, pelo menos 3 casos em que indivíduos foram injustamente presos após terem sido relacionados pela IA às imagens dos crimes captadas por sistemas de segurança (LEWIS; CRUMPLER, 2021).

Essas ocorrências, apesar de lamentáveis, não encobrem o fato de alguns sistemas já contemplavam, em dezembro de 2020 e em ambiente controlado, taxa de erro próxima de 0,1% (LEWIS; CRUMPLER, 2021), que é certamente bastante inferior à do humano. O problema, destarte, não se compadece com a mera proibição do uso dessa tecnologia em processos criminais, mas aponta para a necessidade de que outros elementos de prova também sejam considerados para a responsabilização de suspeitos. Os defensores do emprego do reconhecimento facial pela polícia sustentam que a IA pode diminuir o número de abordagens em indivíduos para a realização de buscas pessoais (KASPERSKY, s.d.), poupando aqueles que não possuem biografia criminal.

Questões ligadas à privacidade também estão sendo debatidas na medida em que essas tecnologias são implementadas em logradouros públicos, praças de esporte, aeroportos e comércio varejista. Não é impensável que o emprego maciço das soluções de reconhecimento facial aumente a vigilância sobre quaisquer cidadãos, restringindo a liberdade individual, particularmente em regimes autoritários.

Algumas soluções, como a da Microsoft acima citada, indicam parâmetros relacionados às emoções captadas na fotografia, o que se afigurará, em muitos cenários, profundamente invasivo.

O reconhecimento facial também interessa à segurança da informação, pois *faceprints* podem vazar e serem usados para acessos indevidos a sistemas ou fins ilícitos. Enquanto o vazamento de senha pode ser contornado com a sua substituição, os dados biométricos "hackeados" podem gerar danos mais persistentes.

3.7 INTELIGÊNCIA ARTIFICIAL E DIREITOS HUMANOS

O Conselho de Direitos Humanos da Organização das Nações Unidas (ONU) aprovou, em 1º de julho de 2016, resolução (A / HRC / C / L.20) que reafirma os direitos humanos em face da tecnologia, em particular, da Internet[30].

Deflui da leitura desse documento que, para a ONU, direitos humanos não podem ser restringidos pelo uso da tecnologia e, de fato, prevalecem sobre esta.

A evolução da Inteligência Artificial, entretanto, reacende a preocupação com os direitos humanos em disputa.

Paula Gorzini (2019) arrola direitos que, embora consagrados em pactos internacionais e reafirmados pelo ordenamento pátrio, carecem de maior atenção diante da IA:

a) privacidade e proteção de dados;

b) proteção contra a discriminação;

c) julgamento imparcial e devido processo legal;

d) liberdade de expressão, reunião e associação;

e) eleições; e

f) direito ao trabalho.

A preocupação com a privacidade e proteção de dados

repousa no fato de que os modelos de aprendizagem de máquina consomem grande quantidade de dados no treinamento. Não há muito controle sobre esses processos e é sabido que algumas soluções de ML têm sido empregadas para a criação de perfis (*profiling*)[31], com potenciais riscos a outros direitos.

A IA também pode amplificar a discriminação, seja em razão dos objetivos para os quais foi construída, seja porque a reproduz a partir dos dados de entrada.

A atenção ao julgamento imparcial e ao devido processo legal deriva da constatação de que soluções informatizadas podem ser empregadas para auxiliar a tomada de decisões judiciais, como no caso COMPAS antes mencionado. Nesse campo é preciso haver mecanismos que garantam que as decisões finais são estabelecidas por pessoas e sem ofensa aos institutos procedimentais forjados para o asseguramento de um processo judicial justo e com a correta distribuição dos ônus de prova entre as partes em litígio.

A preocupação da autora retoma à antiga lição de Joseph Weizenbaum, condensada na obra Computer Power and Human Reason, para quem

> [...] os computadores podem tomar decisões judiciais, os computadores podem tomar decisões psiquiátricas. Eles podem resolver disputas de maneiras muito mais sofisticadas que o mais paciente dos seres humanos. A questão é que eles não deveriam receber tais tarefas. Eles podem até mesmo ser capazes de chegar a decisões "corretas" em alguns casos— mas sempre e necessariamente com bases nas quais nenhum ser humano deveria estar disposto a aceitar. Têm ocorrido diversos debates sobre "Computadores e a Mente". O que concluo aqui é que as questões relevantes não são nem tecnológicas nem mesmo matemáticas; elas são éticas. Elas não podem ser resolvidas ao perguntarmos questões iniciando com "podem". Os limites da aplicabilidade dos computadores são, em última instância, definíveis apenas em termos de deveres. O que emerge como a compreensão mais elementar é que, como não temos agora quaisquer maneiras de tornar os computadores sábios,

> não devemos dar aos computadores tarefas que demandem sabedoria (BROOKSHEAR, 2013, p. 458).

A liberdade de expressão, reunião e associação merece cuidado, segundo Gorzini (2019), dada a importância das redes sociais na difusão de informações e opiniões, muitas vezes com maior eficiência que os veículos de imprensa tradicionais. A relevância desses canais de comunicação desloca nosso olhar para os algoritmos que as sustentam e aplicam filtros e bloqueios nas postagens ou selecionam o que convém que cada usuário veja, fenômeno às vezes referido como "bolha de informação".

As eleições também têm sido influenciadas por soluções automatizadas e com aptidão para comprometer as condições da disputa e a isonomia entre candidatos, como quando se utilizam *bots* em período eleitoral para a difusão de notícias falsas (*fake news*) ou a técnica do *deep fake*[32] para a geração de publicidade enganosa e às vezes difamatória dos candidatos.

O direito ao trabalho igualmente é colocado em prova quando a IA assume postos tradicionalmente ocupados por humanos, como os atendimentos de telemarketing.

Sobre essa condição, Bossmann (2016) explica que, na sociedade moderna, as pessoas vendem os tempos que possuem. Na medida em que os processos de trabalho se automatizam, o trabalho físico será substituído pelo cognitivo, com as pessoas assumindo posições mais estratégicas e administrativas. Sua visão otimista parece não levar em consideração que as posições estratégicas aparecem em menor número nas organizações, de modo que o problema da oferta de emprego não tem solução óbvia e está muito longe de se constituir em mera conformação da atividade laboral.

Bossman (2016) acerta, entretanto, quando diz que o uso da IA nos levará a fazer escolhas éticas, como por exemplo, se queremos manter milhões de pessoas trabalhando como caminhoneiros, garantindo-lhes os postos de trabalho, ou contarmos com caminhões autônomos e mais seguros.

Outra questão levantada pelo autor diz respeito à distribuição de riquezas obtida com a IA. É suposto que as empresas que dominam essa tecnologia serão mais competitivas e menos dependentes da força de trabalho.

Também considera que as máquinas já estão mais aptas a modelar conversas e relacionamentos humanos. Cada vez mais interagimos com robôs e a IA tem aprendido a lidar com os centros de recompensa do cérebro humano para capturar, cada vez mais, a nossa atenção, tal como acontece conosco no ambiente das redes sociais.

Não está claro, porém, como nos protegeremos dos erros da IA. A fase de treinamento, por mais abrangente que seja, pode não cobrir todos os possíveis problemas com os quais a máquina deverá lidar. Padrões em pontos aleatórios podem conduzir a soluções francamente equivocadas.

Nesse ponto, lembra-se do *chatbot* Tay, desenvolvido pela Microsoft em 2016, que interagia com usuários pelo Twitter. Aprendendo com eles e em menos de 24 horas de operação, a Tay passou a tuitar palavras e imagens inapropriadas, xenófobas, sexistas e racistas.

A empresa, pelo seu vice-presidente corporativo Peter Lee, desculpou-se publicamente pela má conduta de sua IA e ressaltou o desafio ínsito na pesquisa e design de IA nos seguintes termos:

> Olhando para o futuro, enfrentamos alguns desafios difíceis - mas empolgantes - de pesquisa em design de IA. Os sistemas de IA alimentam-se de interações positivas e negativas com as pessoas. Nesse sentido, os desafios são tanto sociais quanto técnicos. Faremos todo o possível para limitar os *exploits* técnicos, mas também sabemos que não podemos prever totalmente todos os possíveis abusos cometidos nas interações humanas. Para fazer a IA corretamente, é necessário iterar com muitas pessoas e, frequentemente, em fóruns públicos[33].

Por fim, a IA demandará segurança cibernética de alto nível, dado que não é impensável que indivíduos, grupos ou até mesmo governos, por razões das mais diversas, se disponham a enganá-la ou mesmo utilizá-la para finalidades ilegítimas ou maliciosas.

4. A INICIATIVA PRIVADA E A SOCIEDADE CIVIL ORGANIZADA DIANTE DAS QUESTÕES ÉTICAS CONCERNENTES À INTELIGÊNCIA ARTIFICIAL

A Ética, como ciência teórica, nada diz sobre o que se deve ou não fazer em cada situação concreta. Não fala o que é bom ou ruim. Não trata de uma moral absoluta ou universal (VÁZQUEZ, 1984, p. 17-20). Seu valor repousa naquilo que explica e não no que prescreve (idem, p. 22-24).

Para os fins dessa obra, entretanto, o termo ética é empregado na sua dimensão prática. Não trata, portando, do objeto de uma ciência, nem possui caráter meramente especulativo.

Cuida-se, aqui, da conduta esperada de acordo com um conjunto valores morais vigentes na sociedade e que abarcam o reconhecimento de direitos e a dignidade das pessoas que a compõe. É o que Max Weber denominou ética social ou de responsabilidade, refletindo o agir consciente daquele que sabe das consequências de suas escolhas atitudinais (MELO, 2005).

Assim, a ética corresponde a um modo de regulação do comportamento humano baseada nos valores que indivíduos compartilham com outros e dão sentido às suas decisões e ações. Em tal perspectiva, encontra fundamento na autonomia de vontade: o homem, enquanto ser racional e livre, reflete sobre o bem e o mal e estabelece o que deve ou não fazer.

Nas palavras de Carapeto e Fonseca (2012, p. 9):

> Os valores (ideais coletivos) são o fundamento da decisão e da ação, ou seja, servem de guia para que o indivíduo possa medir as consequências da sua decisão sobre os outros e sobre a comunidade. Servem também de base à reflexão sobre os fundamentos das suas decisões e ajudam a tomar a melhor decisão possível, num determinado contexto. Neste caso, os valores de referência, aqueles que provêm dos indivíduos e são partilhados por todos, ajudam a tomar decisões justificáveis, uma vez que estas tendem a ser consideradas aceitáveis, razoáveis ou justas.

Barroso (2000) observa que fatores éticos são fundamentais para o funcionamento do sistema produtivo e contribuem para o progresso social. Afirma que lucro e ética caminham juntos, pois o estabelecimento de "regras do jogo" estáveis conduz à coesão social, firmada sobre a confiança mútua e à prosperidade econômica:

> Não é sem razão que, por volta de 1985, a ética nos negócios tornou-se um campo acadêmico, debatido por teólogos, filósofos e presidentes de grandes corporações. Nos anos 80, cerca de 75% das 1.200 maiores empresas americanas definiram seus códigos de ética e os melhores de seus funcionários foram treinados na ética dos negócios (BARROSO, 2000).

Quando os deveres éticos incidem sobre o campo profissional, tem lugar a deontologia.

Nesse âmbito, o conjunto de deveres que garantem a excelência de uma profissão é geralmente compilado em um código[34], que condensa um corpo de regras cujo descumprimento é passível de sanção aplicável por um órgão de classe.

Washington e Kuo (2020) explicam que os códigos éticos são documentos formais que traduzem um importante compromisso simbólico com a sociedade e refletem um conjunto de princípios morais e de valores. Quando surgem no seio das classes profissionais, tratam de diretrizes gerais que delineiam as obrigações morais que certos profissionais têm no desempenho de seus misteres.

Notam citados autores que, no campo da ciência de dados, há forte tendência para que também se estabeleça um corpo de regras éticas próprio.

Entre 2015 e 2019, diversos códigos de ética foram publicados com o objetivo de garantir que a inteligência artificial seja usada para o bem comum e fins sociais.

A comprovação de que essa demanda é presente decorre da profusão de novos documentos de princípios éticos que vem sendo gerados por organizações e grandes *players* corporativos, tais como ACM, Algorithmic Justice League, Association of Internet Research (AoIR), Future of Life Institute, Data Science Association, The Institute for Ethical AI & Machine Learning, IEEE, Japanese Society for Artificial Intelligence - JSAI, além de Google, IBM, Intel, Microsoft e Axciom, entre outros[35].

Esses trabalhos pretendem garantir que a IA possa beneficiar pessoas e não as prejudicar.

Desde 2016, Google (Alphabet), Amazon, Facebook, IBM e Microsoft vem se reunindo para estabelecer um padrão de ética em torno da Inteligência Artificial.

As *big techs* passaram a discutir sobre o impacto da tecnologia em empregos, transporte e até na guerra, aparentemente querendo se antecipar às restrições que lhes possam ser impostas por legisladores. Estão esboçando estruturas próprias de autopoliciamento (MARKOFF, 2016).

Na atualidade, esse consórcio de empresas abarca outras marcas, como Apple, Facebook, DeepMind e até a chinesa Baidu, e é conhecido com o nome de Partnership on Artificial Intelligence to Benefit People and Society ou, simplesmente, Partnership on IA.

A Partnership on IA se apresenta como uma organização sem fins lucrativos que busca promover pesquisa, educação e boas práticas em IA. Suporta um núcleo estruturado de comunicação unificada e, desde novembro de 2020, mantém um banco de dados público de incidentes de IA (AI Incident Database – AIID)[36].

A entidade estabeleceu 6 pilares temáticos para a sua atuação[37], a saber:

a) **IA crítica de segurança**: mesmo reconhecendo que a IA é promissora para melhorar a qualidade de vida nas áreas de segurança, saúde e transporte, sendo até mesmo capaz de evitar mortes "desnecessárias" (sic), deve-se ter certeza de que são seguras, confiáveis e éticas quando substituem a tomada de decisão humana;

b) **IA justa, transparente e responsável**: embora a IA possa entregar valor social, pesquisadores, operadores e o público não pode olvidar de que essas soluções estão sujeitas a erros e vieses; assim sendo, deve haver instrumentos para detectá-los e corrigi-los, evitando-se que sejam replicados. Da mesma forma, deve haver ferramentas que expliquem a "lógica para as inferências" (sic);

c) **IA, trabalho e economia**: a organização reconhece que o avanço da IA terá grande influência na distribuição de empregos e trabalho, prevendo-se a extinção de empregos em decorrência da automação de certas atividades e a criação de outros, talvez mais sofisticados. Em consequência, deseja ser partícipe das discussões em torno desse problema;

d)   **Colaboração entre pessoas e sistemas de IA**: a entidade estabelece que, quando a IA é utilizada para potencializar a percepção, cognição e habilidades humanas (como quando ajudam médicos a fazer diagnósticos ou motoristas a perceberem o perigo à frente), é preciso ter clareza sobre os resultados da ferramenta, seus limites e o grau de confiança que ela merece;

e)   **Influências sociais da IA**: a organização reconhece que a IA tem potencial para influir, de forma sutil ou explícita, na privacidade, democracia, justiça criminal e direitos humanos e quer dialogar abertamente com a sociedade sobre esses temas;

f)   **IA e bem-estar social**: a IA pode impactar positivamente nos domínios da educação, habitação, saúde pública e sustentabilidade. Por tal motivo, a organização pretende colaborar com a academia, sociedades científicas, ONGs, empreendedores sociais e cidadãos interessados em catalisar esforços para enfrentar os desafios mais urgentes da sociedade.

A OpenAI é outro exemplo de empresa sem fins lucrativos que se dedica à pesquisa e ao uso ético da inteligência artificial. Foi criada no final de 2015, com o aporte de U$ 1 bilhão, parte disso desembolsada por Elon Musk. Propõe-se a criar a primeira AGI (Inteligência Artificial Geral) e que ela sirva para beneficiar toda a humanidade[38]-[39]-[40].

A OpenAI declara se pautar pelos seguintes princípios:

a)   **Benefícios amplamente distribuídos**: afirma que envidará os esforços para que a AGI não prejudique a humanidade, nem sirva à concentração de poder;

b)   **Segurança a longo prazo**: declara que se esforçará para que a AGI seja segura e possa ser adotada por toda a comunidade;

c)   **Liderança técnica**: a organização entende ser estratégico figurar na vanguarda das capacidades de IA e liderar as áreas que refletem sua missão e experiência;

d)   **Orientação corporativa**: propõe-se a cooperar com instituições de pesquisa e políticas, para que, em conjunto, possam enfrentar os desafios globais da AGI.

Em maio de 2018, um consórcio formado grupos de ativismo e empresas de tecnologia publicou um manifesto, conhecido como The Toronto Declaration (ou "A Declaração de Toronto", no vernáculo), com o objetivo de evitar que as soluções de *machine learning* violassem os direitos humanos.

A Declaração estabeleceu como dever dos estados evitar a discriminação desde a concepção das soluções de ML. Concita os atores privados à assunção de responsabilidades, que incluem identificar possíveis resultados discriminatórios por meio do mapeamento e avaliação de riscos, tomar medidas eficazes para prevenir e mitigar a discriminação (inclusive mediante auditorias independentes) e ser transparente, publicando especificações técnicas, amostras dos dados de treinamento usados e das fontes de dados. A Declaração também consagra o direito à oposição, por instrumento eficaz, aos abusos cometidos com o emprego da IA, visando à responsabilização de gestores. Recomenda que se garantam padrões do devido processo legal e cautela no emprego dessa tecnologia nos governos e no sistema de justiça[41].

O documento foi assinado pela Anistia Internacional, pela Human Rights Watch, pela AccessNow e pela Fundação Wikimedia, responsável pela Wikipédia.

Outras ações vêm sendo patrocinadas pela iniciativa privada com o objetivo de mitigar aspectos negativos que decorrem do uso da inteligência artificial e, talvez, acalmar setores da sociedade ou o ímpeto dos legisladores.

Citam-se exemplos.

A Microsoft dedica expressiva área de seu portal para a pesquisa e divulgação de diretrizes da IA responsável. De acordo com a empresa:

> [...] projetar IA confiável requer soluções que reflitam os princípios éticos profundamente enraizados em valores importantes e atemporais. Conforme pensamos sobre isso, nos concentramos em seis princípios que acreditamos devam guiar o desenvolvimento da IA. Especificamente, os sistemas de IA devem ser justos, confiáveis, privados e seguros, inclusivos, transparentes e auditáveis. Esses princípios são essenciais para lidar com os impactos sociais da IA e construir confiança à medida que a tecnologia se torna cada vez mais parte dos produtos e serviços que as pessoas usam no trabalho e em casa todos os dias (MICROSOFT, 2018)[42].

Já é bastante conhecida a gravura (figura abaixo) que condensa o pensamento da marca sobre os valores que a IA deve respeitar.

Figura 3 – Values AI needs to respect

Fonte: Microsoft Corporation. Disponível em: <https://docs.microsoft.com/ pt-br/azure/cognitive-services/personalizer/ethics-responsible-use>. Acesso em: 30 abr. 2021.

A IBM se dedica, em meio a outras ações voltadas ao emprego ético da inteligência artificial, a construir software de código aberto – o AI Fairness 360 – para ajudar desenvolvedores a entender como suas IA estão tomando decisões. O programa é executado em nuvem e possui um conjunto de funcionalidades voltadas à identificação de vieses e sua mitigação em modelos criados com diversas plataformas, dentre as quais as populares Watson, Tensorflow, SparkML, AWS SageMaker e AzureML.

De acordo com a IBM (2017):

> Acreditamos firmemente que a inteligência artificial não pode e não irá substituir a tomada de decisão humana, julgamento, intuição ou escolhas éticas. As empresas devem ser capazes de explicar o que foi incluído nas recomendações de seu algoritmo. Se não puderem, seus sistemas não deveriam estar no mercado. A IBM, portanto, apoia políticas de transparência e governança de dados que garantirão que as pessoas entendam como um sistema de IA chegou a uma determinada conclusão ou recomendação. Enquanto a sociedade debate as implicações dos sistemas de IA, a IBM se opõe aos esforços para taxar a automação ou penalizar a inovação[43].

A Amazon possui um canal para a denunciação do uso abusivo ou ilegal da sua solução de análise de imagens, o Amazon Recoknition. O produto seria capaz de identificar pessoas, objetos, texto, cenas e atividades em imagens e vídeos, fornecer recursos de análise facial para determinar, por exemplo, a emoção da pessoa contida na imagem, podendo ser empregado, segundo a empresa, para uma ampla variedade de casos de uso de verificação de usuários, contagem de pessoas e segurança pública[44]. A empresa, que oferece o produto para consumo em forma de API, se dispõe a investigar o emprego ilegítimo de seu modelo.

A Amazon exemplifica em que consistiria o uso indevido do serviço:

Exemplos que violariam a Política de uso aceitável da AWS incluem o uso de resultados do Amazon Rekognition de maneira que discrimine a origem nacional, raça, cor, religião, deficiência, sexo e status familiar, ou viole qualquer outra lei federal, estadual ou local. O Amazon Rekognition também não deve ser usado para tomar decisões automatizadas que podem resultar em uma violação dos direitos civis de uma pessoa. A revisão humana dos resultados de reconhecimento facial deve ser usada para garantir que os direitos civis de uma pessoa não sejam violados. Por exemplo, para qualquer uso de reconhecimento facial pela aplicação da lei para identificar uma pessoa de interesse em uma investigação criminal, os agentes da aplicação da lei devem revisar manualmente a correspondência antes de tomar qualquer decisão de interrogar ou deter o indivíduo. Nesses casos, as correspondências de reconhecimento facial devem ser vistas no contexto de outras evidências convincentes e não devem ser usadas como o único determinante para a ação[45].

O Google se uniu à Oxford Internet Institute, da Universidade de Oxford, e mantém um site[46] com o objetivo de explicar, em termos leigos, a IA e suas principais aplicações. O site dedica uma área às questões éticas relacionadas ao desenvolvimento e emprego da IA e remete o leitor aos princípios adotados pelo Google no desenvolvimento e implementação da novel tecnologia, a saber (PICHAI, 2018):

a) **seja socialmente benéfica**: essa diretriz abrange uma ampla gama de fatores sociais e econômicos e deve garantir que os benefícios globais do emprego da IA superem os riscos e as desvantagens previsíveis;

b) **evite criar ou reforçar preconceitos injustos**: a empresa reconhece que nem sempre é fácil distinguir preconceitos justos dos injustos e que essas questões são muito distintas entre culturas e sociedades. Nesse campo, declara que tentarão evitar que a nova tecnologia cause impactos injustos nas pessoas, particularmente aqueles relacionados a características sensíveis, como raça, etnia, gênero, nacionalidade, renda, orientação sexual, habilidade e crença política ou religiosa;

c) **seja construída e testada quanto à segurança**: nesse ponto, as IAs devem ser projetadas conforme as melhores práticas, serão rigorosamente testadas em ambientes restritos e monitoradas após a implantação;

d) **seja responsável perante as pessoas**: isso significa que os sistemas de IA deverão fornecer feedbacks e explicações, de modo que possam ser contestados, e estarão sujeitos ao controle e direção de humanos;

e) **incorpore princípios de design de privacidade**: as soluções deverão alertar sobre as questões relativas à privacidade envolvidas e oportunizar o consentimento. As arquiteturas devem ser transparentes quanto ao uso de dados.

f) **defenda altos padrões de excelência científica**: o Google acredita que as ferramentas de IA podem ampliar os domínios da pesquisa científica e pretende compartilhar de forma responsável o conhecimento da IA, para que mais pessoas possam desenvolver aplicações úteis; e

g) **seja disponibilizada para usos que estejam de acordo com os princípios anteriores**: a empresa reconhece que muitas tecnologias têm múltiplos usos e se dispõe a limitar as aplicações potencialmente prejudiciais e abusivas.

O Google também declara se opor ao uso da IA em armas, em tecnologias que violem "princípios amplamente aceitos do direito internacional e dos direitos humanos" ou em tecnologias que coletem ou usem informações para vigilância violando "normas internacionalmente aceitas" (PICHAI, 2018).

5. ORGANIZAÇÕES INTERNACIONAIS E LEIS DE PROTEÇÃO DE DADOS DIANTE DA INTELIGÊNCIA ARTIFICIAL

5.1 VISÃO GERAL

Nos últimos anos, diversos organismos internacionais e governos vêm demonstrando preocupação com os desafios éticos que a Inteligência Artificial apresenta.

Nesse cenário, observa-se a profusão de documentos destinados a distinguir os usos benéfico e nocivo da tecnologia emergente, as boas práticas nesse campo, bem como estabelecer princípios éticos a serem adotados nos projetos e nas implementações de IA.

Os exemplos que seguem estão entre os mais importantes, pela relevância das organizações a que se relacionam.

Afirmando princípios e restrições do uso das ferramentas de IA, deverão inspirar a inevitável – e iminente – normatização que o tema reclama.

5.2 RECOMENDAÇÃO: RECOMMENDATION OF THE COUNCIL ON ARTIFICIAL INTELLIGENCE – OCDE

A Organização para a Cooperação e Desenvolvimento Econômico – OCDE é uma entidade internacional dedicada ao fomento de políticas globais para melhorar, em escala mundial, o bem-estar econômico e social das pessoas.

No ano de 2019, a OCDE elaborou a *Recommendation of the Council on Artificial Intelligence*, com 5 princípios e 5 recomendações para fixar padrões internacionais para os sistemas de IA, abrangentes de todas as fases dos seus ciclos de vida, para que sejam robustos, seguros, justos e confiáveis (OCDC, 2019).

O documento, embora não vinculativo, é de inequívoca relevância, dado que foi assinado pelos 36 países que a compõem, além de Argentina, Brasil, Colômbia, Costa Rica, Peru e Romênia (TMG, 2020, p. 10).

Os 5 princípios são os seguintes (OCDC, 2019):

a) **Crescimento inclusivo, desenvolvimento sustentável e bem-estar**: As partes interessadas devem se envolver proativamente na busca da IA confiável, visando a resultados benéficos para as pessoas e o planeta, de modo sustentável. A IA deve aumentar as capacidades humanas, dentre as quais a criatividade, promover a inclusão de minorias, reduzir desigualdades econômicas, sociais, de gênero e outras e proteger os ambientes naturais.

b) **Valores centrados no ser humano e justiça**: Os atores da IA devem respeitar o Estado de direito, os direitos humanos e os valores democráticos, durante todo o ciclo de vida do sistema de IA. Estes incluem liberdade, dignidade da pessoa humana e autonomia, privacidade e proteção de dados, não discriminação e igualdade, diversidade, justiça, justiça social e direitos trabalhistas reconhecidos internacionalmente. Para este fim, os atores da IA devem implementar mecanismos e salvaguardas, como capacidade de determinação humana, que sejam adequados ao contexto e consistentes com o estado da arte.

c) **Transparência e explicabilidade**: Os atores de IA devem se comprometer com a transparência e a divulgação responsável em relação aos sistemas de IA. Para este fim, devem fornecer informações significativas, adequadas ao contexto e consistentes com o estado da arte, que abrangem:

1) promover uma compreensão geral dos sistemas de IA;

2) conscientizar as partes interessadas sobre suas interações com sistemas de IA, inclusive no local de trabalho;

3) permitir que as pessoas afetadas por um sistema de IA entendam o resultado; e,

4) permitir àqueles afetados negativamente por um sistema de IA contestem seu resultado com base em informações simples e fáceis de entender sobre os fatores e a lógica que serviu de base para a previsão, recomendação ou decisão.

d) **Robustez, segurança e proteção**: Os sistemas de IA devem ser robustos e seguros durante todo o seu ciclo de vida, de modo que, mesmo em condições de uso anormal ou indevido, funcionem adequadamente e não representem risco de segurança. Para este fim, os atores de IA devem garantir a rastreabilidade, inclusive em relação a conjuntos de dados, processos e decisões tomadas durante o ciclo de vida do sistema de IA, para permitir a análise dos resultados e respostas do sistema de IA à investigação, adequadas ao contexto e consistentes com o estado da arte. Os atores de IA devem, com base em seus papéis, o contexto e sua capacidade de agir, aplicar uma abordagem sistemática de gerenciamento de riscos a cada fase do ciclo de vida do sistema de IA e de forma contínua, para abordar os riscos relacionados aos sistemas de IA, nos campos da privacidade, segurança digital, segurança e viés.

e) **Responsabilidade**: Os atores de IA devem ser responsáveis pelo bom funcionamento dos sistemas de IA e pelo respeito dos princípios anteriores, com base em seus papéis, no contexto e de acordo com o estado da arte.

As recomendações são dirigidas aos formadores de políticas nacionais e de cooperação internacional para a IA confiável, e abrangem:

a) investir em pesquisa e desenvolvimento de IA;

b) promover um ecossistema digital para IA;

c) modelar um ambiente de políticas facilitadoras para IA;

d) desenvolver a capacidade humana e preparar-se para a transformação do mercado de trabalho; e

e) governos devem promover a cooperação internacional para IA confiável.

A Recomendação inclui uma disposição para o desenvolvimento de métricas para medir a pesquisa, desenvolvimento e implantação de IA, e para a construção de uma base de evidências para avaliar o progresso em sua implementação.

Pelo ato também se propõe a criação do Observatório de Políticas de IA da OCDE, de abordagem multidisciplinar, que incluirá um banco de dados vivo de estratégias, políticas e iniciativas de IA, que permitirá o compartilhamento desses elementos-chave entre as partes interessadas.

5.3 DECLARAÇÃO: G20 MINISTERIAL STATEMENT ON TRADE AND DIGITAL ECONOMY

Nos dias 8 e 9 de junho de 2019, os países-membros do G20 publicaram sua Declaração Ministerial sobre Comércio e Economia Digital (G20 Ministerial Statement on Trade and Digital Economy) (G20, 2019).

Fizeram constar do preâmbulo do documento que tecnologias digitais inovadoras trazem imensas oportunidades econômicas, mas continuam a criar desafios. Como visão geral da economia digital, tem-se que a sociedade futura deverá estar centrada nos humanos.

Nessa linha, o G20 se comprometeu a empenhar esforços para construir um ambiente propício para a IA centrada no homem, que promova a inovação e o investimento, com foco especial no empreendedorismo digital e ampliação de startups, incluindo empresas de pequeno porte, que enfrentarão custos desproporcionalmente mais elevados para adotar IA. Busca-se o crescimento econômico inclusivo e o empoderamento individual

Quanto aos desafios sociais, incluindo as transições no mercado de trabalho, privacidade, segurança, questões éticas, novas divisões digitais e a necessidade de capacitação em IA, a entidade se diz comprometida com a promoção da confiança pública e com a abordagem humanada da tecnologia, reafirmando os princípios da IA extraídos da OCDE

Em acréscimo, o G20 reconhece a necessidade de continuar a promover a proteção da privacidade e dos dados pessoais, reconhece a necessidade de promover a capacitação em IA e o desenvolvimento de habilidades correlatas e se dispõe a estimular a cooperação internacional nas áreas de pesquisa e desenvolvimento, desenvolvimento de políticas e compartilhamento de informações através do Repositório de Políticas Digitais do G20 e outros repositórios.

5.4 DIRETRIZES: GUIDELINES ON ARTIFICIAL INTELLIGENCE AND DATA PROTECTION – COUNCIL OF EUROPE

As Diretrizes do Conselho da Europa sobre Inteligência Artificial e Proteção de Dados (Guidelines on Artificial Intelligence and Data Protection) foram emitidas pelo Conselho da Europa em janeiro de 2019 para atualizar a Convenção para a Proteção das Pessoas relativamente ao Tratamento Automatizado de Dados Pessoais, conhecida como Convenção 108, de 1981 (COUNCIL OF EUROPE, 2019).

Consistem em um conjunto de medidas de base para que governos, desenvolvedores e fabricantes de IA e prestadores de serviços garantam que suas aplicações não ofendam os direitos humanos e as liberdades individuais, em particular no que se refere à proteção de dados pessoais.

O documento está dividido em três seções:

a) orientação geral;

b) orientação para desenvolvedores, fabricantes e prestadores de serviços; e

c) orientação para legisladores e formuladores de políticas.

Nesta última parte, sugere-se o seguinte (COUNCIL OF EUROPE, 2019):

a) que instituam o princípio da responsabilidade, a adoção de procedimentos de avaliação de risco e a aplicação de outras medidas adequadas (como códigos de conduta e mecanismos de certificação) para aumentar a confiança nos produtos e serviços de IA;

b) que, sem prejuízo do sigilo legal, imponham na contratação pública aos desenvolvedores de IA, fabricantes e prestadores de serviços as obrigações de transparência, avaliação prévia do impacto do processamento de dados nos direitos humanos e liberdades fundamentais e a vigilância sobre efeitos adversos e consequências das aplicações de IA (os chamados algoritmos de vigilância);

c) que instituam autoridades de supervisão com recursos suficientes para apoiar e monitorar os programas de vigilância de algoritmos mencionados no item anterior;

d) que atentem para o papel da intervenção humana nos processos de tomada de decisão, preservando-o. Nesse ponto, deve-se observar que o excesso de confiança nas soluções automatizadas induz ao medo de desafiá-las;

e) que zelem para que desenvolvedores, fabricantes e provedores de serviços de IA consultem as autoridades de supervisão quando detectarem que as aplicações de IA têm potencial de impactar significativamente os direitos humanos e as liberdades fundamentais dos titulares dos dados;

f) que incentivem a cooperação entre as autoridades que podem tratar de questões de IA (como, por exemplo, a autoridade de proteção de dados, órgãos do consumidor, de enfrentamento à discriminação, reguladores de concorrência, do setor produtivo e da mídia etc.);

g) que confiram independência a comitês de especialistas independentes para a verificação dos padrões éticos, finalidade social das soluções de IA, detecção de vieses etc.;

h) que estabeleçam que pessoas, grupos e outras partes interessadas sejam informadas e ativamente envolvidos no debate sobre o papel que a IA deve desempenhar na formação da dinâmica social e nos processos de tomada de decisão que os afetam;

i)   que estimulem, inclusive com a destinação de recursos, a alfabetização e a educação digital para aumentar a consciência e compreensão dos titulares dos dados sobre as aplicações de IA e seus efeitos. Deve-se, também, incorporar ao treinamento profissional para desenvolvedores de IA a conscientização e a compreensão dos efeitos potenciais da IA nos indivíduos e na sociedade e haver apoio a pesquisas em IA orientada para os direitos humanos.

5.5 LIVRO BRANCO SOBRE A INTELIGÊNCIA ARTIFICIAL DA UNIÃO EUROPEIA

A Comissão Europeia publicou, em fevereiro de 2020, seu Livro Branco sobre a Inteligência Artificial.

Livros brancos – ou *White Papers* – são documentos oficiais, de um governo ou organização internacional, que condensam informações sobre um objeto específico, estabelecem uma política e orientam seus leitores sobre como se posicionar sobre o tema. De acordo com a Wikipedia (LIVRO BRANCO, 2021), o termo *White Paper* surgiu no Reino Unido, durante o Mandato Britânico da Palestina, aplicando-se aos documentos governamentais, informes e anúncios de políticas.

No âmbito da União Europeia, os livros brancos surgem a partir de propostas de ações comunitárias em um âmbito específico. São estabelecidos pela Comissão Europeia, com base nos trabalhos dos comitês consultivos formados por membros da Comissão, representantes nacionais das administrações e de grupos de interesses.

O "Livro Branco sobre IA: uma abordagem europeia virada para a excelência e a confiança" (UNIÃO EUROPEIA, 2020) começa falando dos benefícios da Inteligência Artificial para as nossas vidas, citando como exemplos as áreas de cuidados com a saúde, agricultura, alterações climáticas, sistemas de produção e segurança.

Afirma, em seguida, que a Comissão está empenhada em facilitar os progressos científicos, preservar a liderança tecnológica da União Europeia e assegurar que as novas tecnologias estejam a serviço de todos os cidadãos europeus, melhorando suas vidas e, ao mesmo tempo, respeitando os seus direitos.

Enfatiza, porém, que a IA europeia deve se basear nos seus valores e direitos fundamentais, com destaque para a dignidade humana e a proteção da privacidade.

O Livro Branco aponta para a necessidade de se criarem dois ecossistemas para a IA:

a) um de **excelência**, que almeja estabelecer incentivos adequados para acelerar a adoção de soluções baseadas em IA, nomeadamente por pequenas e médias empresas; e

b) outro de **confiança**, que pretende garantir um ambiente de segurança jurídica às empresas e organizações públicas que inovarem em IA. A comunicação que resume esse desiderato é "aumentar a confiança numa inteligência artificial centrada no ser humano".

No âmbito do ecossistema de excelência, a Comissão reafirma os sete requisitos essenciais da IA, estabelecidos pelo precedente trabalho (de abril de 2019) do Grupo de Peritos de Alto Nível[47], a saber:

a) iniciativa e controle por humanos;

b) robustez e segurança;

c) privacidade e governança dos dados;

d) transparência;

e) diversidade, não-discriminação e equidade;

f) bem-estar social e ambiental; e

g) responsabilização.

A Comissão compreende que a Europa já possui normas jurídicas adequadas para a proteção dos consumidores, para fazer frente a práticas comerciais desleais e para a proteção dos dados pessoais e da privacidade. Essas regras devem continuar em vigor e não devem ser substituídas pela regulamentação da IA.

De outro bordo, a normatização da IA a ser concebida não deve ser prescritiva ao extremo, para que não crie um ônus desproporcional às pequenas e médias empresas. O equilíbrio deve seguir uma abordagem baseada em risco.

Assim, o Livro Branco sobre IA (UNIÃO EUROPEIA, 2020) sugere que a normatização em projeto incida sobre os seguintes tópicos:

a) **Dados de treino**: os requisitos dos dados de treino serão pensados para que propiciem garantias razoáveis e segurança às aplicações. Devem ser adotadas medidas que garantam que o conjunto de dados seja representativo e abranja dimensões relevantes de gênero, etnia e outros aspectos, para que os resultados não reflitam as discriminações proibidas;

b) **Conservação de registros e de dados**: diante da complexidade e opacidade de muitos sistemas de IA, os responsáveis pelas soluções devem preservar registros exatos do conjunto de dados utilizado para treinar e testar os sistemas de IA, bem como uma descrição detalhada sobre suas principais características, das técnicas de programação empregadas e metodologias. Em certos casos, os próprios dados deverão ser conservados;

c) **Prestação de informações**: a normatização deve assegurar a transparência. As informações devem ser claras e abrangentes das capacidades e limitações dos sistemas de IA, de suas finalidades, das condições de funcionamento e da acurácia. Os cidadãos devem ser informados quando interagem com uma máquina e não com um ser humano;

d)   **Robustez e exatidão**: os sistemas de IA devem ser robustos e exatos. Não sendo exatos, devem refletir corretamente o nível de exatidão em todas as fases do ciclo de vida. Deve haver reprodutibilidade dos resultados. Os sistemas devem lidar adequadamente com erros e ser resilientes a ataques ou mesmo tentativas sutis de manipular os dados ou o próprio algoritmo;

e)   **Supervisão humana**: esse requisito deve estar presente para pôr em evidência a autonomia humana. O tipo e o grau adequados de supervisão humana pode variar de um caso para outro, dependendo do risco da solução. O Livro Branco traz exemplos para ilustrar esse requisito. Diz que o grau de supervisão humana pode estar atrelado à observância de direitos positivos, como os estabelecidos pela GDPR. O humano também deve validar as decisões de IA sobre pedidos de previdência social, de rejeição de um cartão de crédito e deve poder intervir e desativar em tempo real o funcionamento de um veículo autônomo[48].

f)   **Requisitos específicos para determinadas aplicações de IA**: o Livro Branco reconhece que a utilização de dados biométricos e o reconhecimento facial põem em xeque direitos fundamentais. A utilização dessas técnicas é admitida como exceção e em condições muito específicas, sempre fundadas em interesse público relevante. Assim sendo, a identificação biométrica à distância somente pode ser utilizada quando devidamente justificada, mostrar-se proporcional a outro direito igualmente protegido e for adotada com salvaguardas adequadas. Sobre esse sensível tema, o texto reafirma a vigência das atuais regras da União Europeia e, nomeadamente, da GDPR também no âmbito da inteligência artificial.

5.6 APELO PAPAL: ROME CALLS FOR AI ETHICS

Em fevereiro de 2020, o Vaticano e a Itália (através do Ministério da Inovação), ladeados pela Microsoft, IBM e FAO, apresentaram uma carta de princípios para a inteligência artificial, denominada Rome Calls for AI Ethics[49].

O documento (ROME, 2020) afirma que a IA impacta diretamente a ética, a educação e os direitos humanos e, por isso, institui diretrizes para colocar (ou reconduzir) o ser humano ao centro da tecnologia, algumas coincidentes com as preconizadas pela Comissão Europeia (vide item 5.5 supra).

A Carta diz que a IA deve servir a toda família humana (human family), sem olvidar dos mais vulneráveis. Desse modo, toda a sociedade deve trabalhar junta para que os seres humanos e a natureza estejam no centro da tecnologia.

A máxima de que os seres humanos nascem livres e iguais em dignidade e direito deve ser protegida e garantida quando se produzem ou se usam sistemas de IA.

As pessoas não podem ser discriminadas por algoritmos em razão de sua raça, cor, sexo, idioma, religião, opinião política ou outra, origem nacional ou social, propriedade, nascimento ou outro status.

A proteção dos direitos humanos deve constar do compromisso ético das organizações internacionais, governos, instituições e do setor privado envolvido com essa tecnologia. Nada obstante, a Carta ressalva que, "em alguns casos", normas legais serão absolutamente indispensáveis para apoiar, estruturar e orientar o processo, como no caso do reconhecimento facial.

O documento destaca que esses objetivos podem ser alcançados se os algoritmos forem desenvolvidos com uma visão "algorética" ("algor-ethics"), isto é, com uma abordagem ética desde o seu design.

Declara, por fim, os seis princípios que resumem o que se entende por uso ético da IA:

a) **Transparência**: em princípio, os sistemas de IA devem ser explicáveis;

b) **Inclusão**: as necessidades de todos os seres humanos devem ser levadas em consideração para que todos possam se beneficiar da IA;

c) **Responsabilidade**: aqueles que projetam e implantam a IA devem proceder com responsabilidade e transparência;

d) **Imparcialidade**: não crie ou aja de acordo com preconceitos, salvaguardando assim a justiça e a dignidade da pessoa humana;

e) **Confiabilidade**: os sistemas de IA devem ser capazes de funcionar de forma confiável; e

f) **Segurança e privacidade**: os sistemas de IA devem funcionar com segurança e respeitar a privacidade dos usuários.

5.7 REGULAMENTO GERAL DE PROTEÇÃO DE DADOS DA UNIÃO EUROPEIA – GDPR

As democracias modernas têm conferido às pessoas instrumentos legais para que conheçam e controlem os seus dados pessoais[50], reputando-os essenciais para a garantia de direitos inerentes à personalidade humana.

O Regulamento Geral de Proteção de Dados da União Europeia (General Data Protection Regulation – GDPR), exemplo de norma da espécie, tem por objeto a proteção de dados de pessoas naturais, garantia fundamental já prevista na Carta de Direitos Fundamentais da União Europeia (art. 8º, 1), de 2000, e no Tratado sobre o Funcionamento da União Europeia (art. 16º, 1), de 2007.

Foi aprovado em 15 de maio de 2016 para viger dois anos depois. Sua abrangência e relevância são formidáveis, posto ser de observância obrigatória a qualquer empresa que, de alguma forma, armazene informações de cidadãos europeus, ainda que operem fora do Espaço Econômico Europeu.

É uma lei de 4ª geração, adotada a classificação de Viktor Mayer-Schönberger (apud: DONEDA, 2019, p. 40), estando, portanto, entre aquelas que refletem a proteção de dados não como uma escolha individual, mas como merecedora de proteção em padrão coletivo.

Com efeito,

> [...] entre as técnicas utilizadas, essas leis [de 4ª geração] procuram fortalecer a posição da pessoa em relação às entidades que coletam e processam seus dados, reconhecendo um desequilíbrio nessa relação que não era resolvido por medidas que meramente reconheciam o direito à autodeterminação informativa. Outra técnica é, paradoxalmente, a própria redução do papel da decisão individual de autodeterminação informativa. Tal redução parte do pressuposto de que determinadas modalidades de tratamento de dados pessoais necessitam de uma proteção no seu mais alto grau, que não pode ser conferida exclusivamente a uma decisão individual – como é o caso para certas modalidades de utilização de dados sensíveis, por exemplo (DODEDA, 2019, p. 42-43).

O GDPR não foi concebido, como poderia supor o observador menos atento, para engessar os novos modelos de negócios; no seu *considerandum* de número 2 alude-se ao objetivo contribuir para a realização de um espaço de liberdade, segurança e justiça e de união econômica para o progresso econômico e social, a consolidação e a convergência das economias no mercado interno e para o bem-estar das pessoas individualmente consideradas.

A norma em análise, embora não disponha especificamente sobre a IA, tem inegável influência sobre ela, como quando estabelece os princípios da transparência, limitação de finalidade, minimização dos dados e limitação da conservação ou mesmo os requisitos para o tratamento dos dados pessoais.

Como consectários do dever de transparência, previsto na Seção 1 (artigo 13º e seguintes) da GDPR, estão as obrigações dos *controllers* de informar:

a)   as finalidades do tratamento dos dados, bem como seu fundamento jurídico;

b)   o prazo de conservação dos dados;

c)   sobre o direito de solicitar ao responsável pelo tratamento o acesso aos dados pessoais que lhe digam respeito, a retificação ou a deleção, a limitação do tratamento, de se opor ao tratamento e da possibilidade de portar os dados;

d)   sobre a existência do direito de retirar o consentimento, sem comprometer a licitude do tratamento já realizado;

e)   a existência de decisões automatizadas, com informações úteis sobre a possível lógica subjacente, bem como as potenciais consequências previstas em tal tratamento para o titular dos dados;

f)   sobre a intenção de realizar tratamento posterior dos dados para uma finalidade distinta daquela inicialmente planejada; entre outras (VAINZOF, 2018, p. 55).

A limitação da finalidade (*purpose limitation*), prevista no artigo 5º (b), impõe que os dados sejam colhidos para finalidades específicas, explícitas e legítimas e não possam ser tratados posteriormente de uma forma incompatível com a finalidade para a qual foi coletada.

Decorre dessa regra, segundo Vaizof (2019, p. 57), que os *controllers* avaliem seus projetos que envolvam a coleta de dados desde a concepção (*privacy by design*) para assegurar que se atêm aos propósitos específicos que almejam, "ao longo do ciclo de transparência perante o usuário e também dos deveres de lealdade ao tratamento, como fronteira de legalidade para o seu uso". Da mesma forma, e por força do artigo 25 (2) do GDPR, as soluções deverão adotar o *privacy by default*, que se constitui de medidas técnicas e organizativas para que só sejam tratados os dados pessoais que forem necessários para cada finalidade específica do tratamento.

Diante das exigências de minimização dos dados (*data minimisation*) e limitação da conservação (*storage limitation*), continua o autor (idem, 62), são ilegais as políticas empresariais de geração e conservação de cadastros muito abrangentes.

Essas restrições refletem, claramente, nas soluções de *machine learning* e, particularmente, nas aplicações destinada à elaboração de perfis (*profiling*), atividade que, pela sua importância, mereceu definição normativa na GDPR, no artigo 4º (4), *in verbis*:

> Definição de perfis, qualquer forma de tratamento automatizado de dados pessoais que consista em utilizar esses dados pessoais para avaliar certos aspectos pessoais de uma pessoa singular, nomeadamente para analisar ou prever aspectos relacionados com o seu desempenho profissional, a sua situação econômica, saúde, preferências pessoais, interesses, fiabilidade, comportamento, localização ou deslocações; (UNIÃO EUROPEIA, 2016).

A definição de perfis não é proibida, desde que não decorra de decisão totalmente automatizada (artigo 22º (1)). A exceção fica por conta das seguintes hipóteses, previstas no artigo 22º (2):

a) quando for necessária para a celebração ou a execução de um contrato entre o titular dos dados e um responsável pelo tratamento;

b) quando autorizada por norma da União ou do Estado-Membro a que o responsável pelo tratamento estiver sujeito, e na qual estejam igualmente previstas medidas adequadas para salvaguardar os direitos e liberdades e os legítimos interesses do titular dos dados; ou

c) quando for baseada no consentimento explícito do titular dos dados.

A TMG (2020, p. 7) já considerou, porém, que o artigo 22º do GDPR "afetará o uso da IA em pelo menos três formas: limitando a coleta e utilização dos dados, restringindo a tomada automatizada de decisões, e aumentando os custos e riscos de conformidade". A empresa também projeta que "a menos que a UE reforme o GDPR, os países europeus ficarão para trás de outros, tais como os Estados Unidos e a China, no desenvolvimento e utilização da IA".

5.8 LEI GERAL DE PROTEÇÃO DE DADOS – LGPD

No Brasil, a Lei nº 13.709, de 14 de agosto de 2018, conhecida como Lei Geral de Proteção de Dados – LGPD (BRASIL, 2018), foi editada par suprir a lacuna de regulação da proteção dos dados pessoais, na medida em que esse bem jurídico se destacou da garantia constitucional da privacidade e passou a merecer atenção própria, no tempo em que os dados se transformam no principal insumo da atividade econômica.

Segue-se, aqui, a tendência global de se estabelecer normatização autônoma sobre o assunto, cabendo desde logo destacar que a legislação brasileira é inequivocamente influenciada pela GDPR e reafirma o papel da Europa como o de superpotência regulatória mundial.

De fato, são conhecidas duas visões para o tratamento de dados pessoais, uma de inspiração europeia, com feição conservadora, e outra de caráter liberal, forjada nos Estados Unidos. A inclinação da lei brasileira em direção ao modelo europeu parece ter decorrido mais por razões de ordem prática do que em virtude de nossas tradições jurídicas, já que, pelas regras da GDPR, as empresas europeias estão impedidas de contratar com quem não disponha do mesmo nível de proteção legal dos dados pessoais.

Nesse ambiente, o projeto da LGPD encontrou estímulo para sua tramitação e, com a publicação da lei, o país hoje dispõe de um conjunto de regras modernas para a lida com os dados pessoais.

De se ver que:

> O cenário de fundo é o econômico, mas não se pode desconsiderar que, do ponto de vista do titular, a legislação vem em boa hora. Isso porque, com o aumento exponencial do processamento de dados, inteligência artificial e compartilhamento de informações, estava claro que a privacidade e a intimidade das pessoas estava morrendo aos poucos, vítima de inúmeros mecanismos do mundo moderno, especialmente redes sociais, bancos de dados públicos, migração da informação que antes estava registrada em papel, agora disponível na Internet e outros meios, livre para garimpagem e enriquecimento de bancos de dados de todos os tipos, entre outros. O tratamento de dados era uma 'terra sem lei' no Brasil, o que deve ser revertido com a LGPD [...] (COTS e OLIVEIRA, 2019, p. 24)

A LGPD parte da mesma lógica do Código de Defesa do Consumidor, a de que nas relações com governos e empresas, o titular dos direitos está em desvantagem na defesa de suas prerrogativas e é vulnerável.

Os dados protegidos são tanto os *on-line* quanto os *off-line*. A norma adota o critério expansionista, alcançando-se, desse modo, os chamados dados identificáveis, assim considerados os que permitem a individualização de seu titular pela mescla de bancos de dados ou de informações adicionais.

À exemplo da legislação europeia, o tratamento de dados sujeita-se a princípios, que, no caso da norma pátria, estão explicitamente indicados no artigo 6º da lei (BRASIL, 2018):

a) **finalidade**: o tratamento de dados pessoais somente é admitido para propósitos legítimos, específicos, explícitos e informados ao titular. É proscrito o tratamento posterior incompatível com as finalidades originais;

b) **adequação**: o tratamento de dados pessoais deve ser compatível com as finalidades informadas ao titular;

c) **necessidade**: o tratamento deve se limitar ao mínimo necessário para a realização de suas finalidades, com abrangência dos dados pertinentes, proporcionais e não excessivos;

d) **livre acesso**: esse princípio garante aos titulares a possibilidade de consulta facilitada e gratuita sobre a forma e a duração do tratamento, bem como sobre o conjunto de seus dados pessoais;

e) **qualidade dos dados**: os titulares têm garantido os atributos de exatidão, clareza, relevância e atualização dos dados, de acordo com a necessidade e para o cumprimento da finalidade de seu tratamento;

f) **transparência**: garante-se aos titulares informações claras, precisas e facilmente acessíveis sobre a realização do tratamento e os respectivos agentes de tratamento, observados os segredos comercial e industrial;

g) **segurança**: por esse princípio se garante a adoção de medidas técnicas e administrativas destinadas à segurança da informação, com o fim de proteger os dados pessoais de acessos não autorizados ou incidentes de destruição, perda, alteração ou vazamento;

h) **prevenção**: devem-se adotar medidas efetivas para prevenir a ocorrência de danos em virtude do tratamento de dados pessoais;

i) **não discriminação**: proíbe-se a realização do tratamento para fins discriminatórios ilícitos ou abusivos;

j) **responsabilização e prestação de contas**: o agente de tratamento de dados deve ser capaz de comprovar que adotou medidas eficazes para o cumprimento das normas de proteção de dados pessoais.

Embora a LGPD não contenha disposições expressas sobre a Inteligência Artificial, é inequívoca a sua incidência sobre soluções informatizadas que têm os dados pessoais como insumo.

Assim sendo, na definição de algoritmos de aprendizagem de máquina deve-se ter em vista que a lei nacional restringe a possibilidade de tratamento às hipóteses explicitamente previstas no artigo 7º (BRASIL, 2018), a saber:

a) quando há o consentimento do titular;

b) para o cumprimento de obrigação legal ou regulatória pelo controlador;

c) pela administração pública, para o tratamento e uso compartilhado de dados necessários à execução de políticas públicas previstas em leis e regulamentos ou respaldadas em contratos, convênios ou instrumentos congêneres;

d) para a realização de estudos por órgão de pesquisa, garantida, sempre que possível, a anonimização dos dados pessoais;

e) quando necessário para a execução de contrato ou de procedimentos preliminares relacionados a contrato do qual seja parte o titular, a pedido do titular dos dados;

f) para o exercício regular de direitos em processo judicial, administrativo ou arbitral;

g) para a proteção da vida ou da incolumidade física do titular ou de terceiro;

h) para a tutela da saúde, exclusivamente, em procedimento realizado por profissionais de saúde, serviços de saúde ou autoridade sanitária;

i) quando necessário para atender aos interesses legítimos do controlador ou de terceiro, exceto no caso de prevalecerem direitos e liberdades fundamentais do titular que exijam a proteção dos dados pessoais; ou

j) para a proteção do crédito.

Outro aspecto que merece a atenção é o fato de que, embora estabelecendo a transparência como um de seus pilares, a lei é mais pródiga na proteção do segredo comercial e industrial, pois, enquanto alude àquele princípio por 4 vezes, refere-se a este em nada menos do que 13 ocorrências[51], sendo 3 delas relacionadas às funções da Autoridade Nacional de Proteção de Dados.

Pela redação do artigo 20 (BRASIL, 2018), o titular dos dados tem direito a solicitar a revisão de decisões tomadas unicamente com base em tratamento automatizado de dados pessoais que afetem seus interesses, incluídas as decisões destinadas a definir o seu perfil pessoal, profissional, de consumo e de crédito ou os aspectos de sua personalidade.

Formulado o pedido de revisão da decisão estabelecida por um algoritmo de *machine learning*, o controlador deverá fornecer informações claras e adequadas a respeito dos critérios e dos procedimentos utilizados para a decisão automatizada. Não deve passar despercebido, entretanto, que a LGPD confere ao controlador a prerrogativa de não entregar as informações pleiteadas, invocando o segredo comercial e industrial, hipótese em que a autoridade nacional poderá realizar auditoria na aplicação restrita à verificação de vieses discriminatórios no tratamento dos dados pessoais.

Resta evidente, portanto, que a LGPD não ousou impor a explicabilidade algorítmica como dever do controlador, mostrando-se, em tal aspecto tão tímida quanto a disciplina da Lei nº 12.414, de 9 de junho de 2011, conhecida como Lei do Cadastro Positivo (BRASIL, 2011), que oferece ao cadastrado tão-somente a opção de solicitar a revisão da decisão automatizada (artigo 5º, inciso VI) e não a de conhecer os critérios e pesos levados em consideração.

De fato, no processo de formação da LGPD, o Executivo foi contrário à revisão humana das decisões algorítmicas, como se verifica nas razões de veto ao Projeto de Lei de Conversão no 7, de 2019 (MP nº 869/2018), na parte que alteraria o § 3º do art. 20 da Lei nº 13.709, *in verbis*:

> A propositura legislativa, ao dispor que toda e qualquer decisão baseada unicamente no tratamento automatizado seja suscetível de revisão humana, contraria o interesse público, tendo em vista que tal exigência inviabilizará os modelos atuais de planos de negócios de muitas empresas, notadamente das startups, bem como impacta na análise de risco de crédito e de novos modelos de negócios de instituições financeiras, gerando efeito negativo na oferta de crédito aos consumidores, tanto no que diz respeito à qualidade das garantias, ao volume de crédito contratado e à composição de preços, com reflexos, ainda, nos índices de inflação e na condução da política monetária (BRASIL, 2019).

A LGPD é uma norma disruptiva, no sentido de induzir a novos processos de coleta, processamento, armazenamento e transferência de dados pessoais, com inequívoca repercussão nas soluções de IA, que coloca o Brasil no grupo de mais de centena de países que possuem regramento jurídico restritivo para o tratamento dessas informações.

5.9 ESTRATÉGIA BRASILEIRA DE INTELIGÊNCIA ARTIFICIAL

A Estratégia Brasileira de Inteligência Artificial (EBIA) foi instituída pela Portaria nº 4.617, de 6 de abril de 2021, do Ministério da Ciência, Tecnologia e Inovações (MCTI).

De acordo com a Portaria (artigo 1º), a EBIA objetiva:

> I - nortear as ações do Estado brasileiro em prol do fortalecimento da pesquisa, desenvolvimento e inovações de soluções em Inteligência Artificial, bem como, seu uso consciente, ético para um futuro melhor; e

> II - garantir a inovação no ambiente produtivo e social na área de Inteligência Artificial, capaz de enfrentar os desafios associados ao desenvolvimento do País, nos termos do disposto na Lei nº 10.973, de 2 de dezembro de 2004 (BRASIL, 2021).

O trabalho teve início com a contratação de uma consultoria especializada em IA no âmbito de Projeto de Cooperação Técnica Internacional junto à UNESCO, seguida da definição de um *benchmarking* nacional e internacional e de um processo de consulta pública (BRASIL, 2021).

A EBIA, que se declara como inspirada nos princípios da IA da OCDC (vide item 5.2 supra), estrutura-se em três eixos temáticos (transversais) e seis eixos de áreas prioritárias para a aplicação da IA (verticais).

Os eixos temáticos (transversais) são os seguintes:

a)   **Legislação, regulação e uso ético**: trata de parâmetros jurídicos, regulatórios e éticos para o desenvolvimento da IA;

b)   **Governança de IA**: estrutura de governança que promova métodos e procedimentos para assegurar a observância aos princípios da IA no desenvolvimento de soluções com essa tecnologia; e

c)   **Aspectos Internacionais**: trata de plataformas de cooperação e integração para trocas de informações, experiências, regulamentações e boas práticas na condução da IA no cenário mundial.

Os eixos de áreas prioritárias para a aplicação da IA (verticais) são os seguintes:

a)   **Educação**: com o objetivo de qualificar e preparar as gerações atuais e futuras para as mudanças da IA, para o chamado futuro digital;

b)   **Força de Trabalho e Capacitação**: tem por escopo o de preparar os trabalhadores para a transformação do mercado de trabalho, com a substituição de ocupações pela automatização e para o surgimento de novas posições; qualificação e requalificação profissional;

c)   **Pesquisa, Desenvolvimento, Inovação e Emp-**

reendedorismo: busca promover investimentos públicos e privados em P&D para incentivar a inovação de IA confiável de uma maneira holística - aspectos técnicos, sociais, jurídicos e éticos;

d) **Aplicação nos setores produtivos**: objetiva promover o uso de IA nos diversos setores da economia de forma a melhorar a eficiência das empresas brasileiras;

e) **Aplicação no Poder Público**: quer promover o uso ético da IA pelo Poder Público para melhorar a qualidade dos serviços prestados à sociedade, privilegiando a economicidade e eficiência; e

f) **Segurança Pública**: busca incentivar o uso não discriminatório de IA na área da segurança pública, respeitando o direito à privacidade e à proteção da imagem do titular, com mecanismos de supervisores de monitoramento para garantir o seu uso ético.

No que concerne ao eixo temático da Legislação, regulação e uso ético, a EBIA reconhece que organizações e a sociedade têm afirmado a necessidade de se estabelecerem normas jurídicas e éticas para regular o uso da Inteligência Artificial.

Assume que, no centro do debate, reside a preocupação de balancear a proteção de direitos já consagrados com uma nova estrutura normativa que confira segurança jurídica no campo da responsabilidade dos atores da cadeia de valor desses sistemas.

Reconhece, de um lado, a importância das iniciativas da OCDE, do G20, da Comissão Europeia e de outros organismos que culminaram na elaboração de códigos de conduta voltados à "harmonização dos princípios que guiam a noção de estado de direito, de modo que beneficie a sociedade, impulsionando o crescimento inclusivo, o desenvolvimento sustentável e o bem-estar" (BRASIL, 2021). Pondera, entretanto, que a regulamentação da IA é complexa e propensa a se tornar obsoleta em pouco tempo, adverte que os governos devem avaliar o cenário e "refletir antes de adotar novas leis, regulações ou controles que possam impedir o desenvolvimento e uso responsáveis da IA" (idem).

A EBIA acolhe os princípios da OCDE para a IA, a saber:

a) crescimento inclusivo, o desenvolvimento sustentável e o bem-estar;

b) valores centrados no ser humano e na equidade;

c) transparência e explicabilidade;

d) robustez, segurança e proteção e;

e) a responsabilização ou a prestação de contas (*accountability*).

Privilegia, ademais, normas que regulem soluções de IA específicas, como a dos carros autônomos ou de reconhecimento facial, em lugar de regras de caráter geral.

Coerente com essa orientação, a EBIA se limita a indicar em linhas genéricas os pontos que merecerão a atenção do futuro legislador, a saber:

a) Transparência e divulgação responsável acerca dos sistemas de IA;

b) Proteção dos direitos de propriedade intelectual, incluindo a limitação às atividades de mineração de textos e dados (*Text & Data Mining exception*);

c) Indicação das decisões que podem ser tomadas sem intervenção humana, inclusive para a mitigação de riscos;

d) Previsão de revisão das previsões automatizadas de acordo com os riscos e impactos causados aos indivíduos;

e) Reconhecimento de que existem algoritmos de "caixa preta", nem sempre explicáveis, de tal modo que a garantia dos direitos fundamentais deverá ser estabelecida por rastreabilidade, auditabilidade e comunicação transparente;

f)	Ciência aos indivíduos da interação com sistemas de IA;

g)	Dever de aferir e monitorar vieses algorítmicos das soluções de IA; e

h)	Adoção do conceito *Ethics by desgin*, pelo qual a preocupação com as questões éticas deverá estar presente em todos os projetos e desde a sua concepção.

6. PROJETOS DE LEI BRASILEIROS RELATIVOS À INTELIGÊNCIA ARTIFICIAL

6.1 O PROCESSO LEGISLATIVO NO BRASIL

Nas democracias modernas, a lei é considerada a principal fonte do direito e não raro é confundida com o próprio Direito em si. Sob o aspecto formal, lei é texto normativo de caráter geral, criado pelos órgãos legislativos competentes e segundo o rito definido na Constituição, para viger no futuro. Do ponto de vista material, a lei significa a concretização da vontade do povo, manifestada por seus representantes eleitos (NERI JR.; ABBOUD, 2019).

No Brasil, o Poder Legislativo é bicameral, ou seja, é composto pela Câmara dos Deputados, com os represente do povo, e pela Senado Federal, com os representantes dos Estados. A Constituição Federal confere a todos os membros do Legislativo a iniciativa de lei, e, por isso, qualquer Deputado ou Senador pode apresentar projetos sobre os mais variados temas, excetuando-se uns poucos, expressamente indicados na Carta Política, cuja iniciativa é exclusiva do Presidente da República, do Judiciário ou do Ministério Público.

No que toca à Inteligência Artificial, tem-se que a matéria pode ser objeto de proposição de qualquer parlamentar e a pesquisa aos portais institucionais das casas legislativas faz ver que há projetos de lei sobre o assunto tanto no Senado quanto na Câmara. Sendo assim, tais projetos tramitarão autonomamente, devendo prevalecer o que primeiro chegar à fase de revisão, de acordo com o que dispõe o artigo 140 do Regimento Comum do Congresso Nacional (BRASIL, 1970).

Apresentado o projeto de lei, ele passa pela Comissão de Constituição e Justiça para a verificação da constitucionalidade do texto ofertado, e, na sequência, pelas comissões temáticas, incluindo as provisórias, para a análise técnica de seu mérito. Uma vez que o projeto seja aprovado nas comissões, passa-se à fase de discussão e votação em plenário, que, em algumas situações, pode ser dispensada.

Superada essa etapa, o projeto segue à casa revisora, onde poderá ser aprovado, rejeitado ou emendado. O projeto de lei que se inicia na Câmara dos Deputados é revisado pelo Senado Federal e vice-versa. Havendo alteração do texto original, o projeto retorna à casa de origem, voltando às comissões, à discussão e à votação. Nesse passo, será aprovado ou rejeitado, não cabendo modificação. Desse modo, a casa da iniciativa do projeto tem a palavra definitiva (NERI JR.; ABBOUD, 2019).

Aprovado, o projeto é encaminhado ao chefe do Poder Executivo para a sanção ou veto, no prazo de 15 dias. A ausência de manifestação equivale à sanção e a lei deverá ser promulgada, ato que confere publicidade à norma criada.

O veto, porém, determina que as casas legislativas se reúnam para apreciá-lo, podendo ser derrubado pela maioria absoluta de votos. Quando o veto total é mantido, o projeto é arquivado.

Delineadas em linhas gerais as etapas do processo legislativo, discriminam-se os principais projetos de lei sobre Inteligência

Artificial atualmente em trâmite.

6.2 PL 5051/2019 e 5691/2019 (SENADO FEDERAL)

Os projetos de lei (PL) nº 5051 e 5691, ambos de 2019 e de autoria do Senador Styvenson Valentim (Podemos/RN), são os que há mais tempo tramitam pelas casas legislativas para tratar da Inteligência Artificial e os mais conhecidos do público em geral.

O PL 5051/2019 "estabelece os princípios para o uso da Inteligência Artificial no Brasil" (BRASIL, 2019b).

O texto é composto de 7 artigos.

Declara como fundamento da Inteligência Artificial o objetivo de servir as pessoas, melhorar o bem-estar humano em geral, nomeadamente:

a) respeitando a dignidade humana, a liberdade, a democracia e a igualdade;

b) respeitando os direitos humanos, a pluralidade e a diversidade;

c) garantindo a privacidade e a proteção dos dados pessoais;

d) garantindo a transparência, a confiabilidade e a possibilidade de auditoria dos sistemas; e

e) assegurando a supervisão humana.

O projeto também preconiza a valorização do trabalho humano e do desenvolvimento econômico.

Afirma que, nos processos decisórios, a IA será sempre auxiliar.

A supervisão humana será sempre compatível com o tipo, a gravidade e as implicações da decisão e a responsabilidade civil por danos decorrentes da utilização desses sistemas será sempre do "supervisor" (sic).

Já o PL 5691, apresentado cerca de um mês depois, nos parece decorrer da evolução do entendimento do mesmo autor sobre a matéria – sendo essa a razão pela qual são aqui tratados conjuntamente – pois os mesmos 7 artigos se apresentam mais bem estruturados e com expressões mais consentâneas com as propostas internacionais (Capítulo 5, supra).

Pela ementa se estabelece o PL "institui a Política Nacional de Inteligência Artificial" (BRASIL, 2019c), o que, de partida, denota maior abrangência do que a ementa anterior.

O projeto estabelece:

a) **Princípios**: a) desenvolvimento inclusivo e sustentável; b) respeito à ética, aos direitos humanos, aos valores democráticos e à diversidade; c) proteção da privacidade e dos dados pessoais; e d) transparência, segurança e confiabilidade;

b) **Diretrizes**: a) estabelecimento de padrões éticos para o uso da Inteligência Artificial; b) promoção de crescimento inclusivo e sustentável; c) melhoria da qualidade e da eficiência dos serviços oferecidos à população; d) estímulo a investimentos públicos e privados em pesquisa e desenvolvimento da Inteligência Artificial; e) promoção da cooperação e interação entre os entes públicos, entre os setores público e privado e entre empresas; f) desenvolvimento de estratégias para incrementar o intercâmbio de informações e a colaboração entre especialistas e instituições nacionais e estrangeiras; g) estímulo às atividades de pesquisa e inovação das instituições de Ciência, Tecnologia e de Inovação; h) desenvolvimento de mecanismos de fomento à inovação e ao empreendedorismo digital, com incentivos fiscais voltados às empresas que investirem em pesquisa e inovação; i) capacitação de profissionais da área de tecnologia em Inteligência Artificial; j) valorização do trabalho humano; e k) promoção de uma transição digital justa com a mitigação das consequências adversas da Inteligência Artificial para o mercado de trabalho e para as relações trabalhistas;

c) **Padrões de conformidade da IA**[52]: a) respeitar a autonomia das pessoas; b) preservar a intimidade e privacidade das pessoas; c) preservar os vínculos de solidariedade entre os povos e as diferentes gerações; d) ser inteligíveis, justificáveis e acessíveis; e) ser abertas ao escrutínio democrático e permitir o debate e controle por parte da população; f) ser compatíveis com a manutenção da diversidade social e cultural e não restringir escolhas pessoais de estilo de vida; g) conter ferramentas de segurança e proteção que permitam a intervenção humana sempre que necessária; h) prover decisões rastreáveis e sem viés discriminatório ou preconceituoso; e i) seguir padrões de governança que garantam o contínuo gerenciamento e a mitigação dos riscos potenciais da tecnologia; e

d) **Instrumentos da Política Nacional de Inteligência Artificial**: a) programas transversais elaborados em parceria com órgãos públicos e instituições privadas; b) fundos setoriais de ciência, tecnologia e inovação; e c) convênios para desenvolvimento de tecnologias sociais.

O PL também prevê que a União e os entes públicos dotados de personalidade jurídica poderão celebrar convênios com entidades privadas ou públicas, nacionais ou internacionais, para obtenção de recursos técnicos, humanos ou financeiros destinados a apoiar e fortalecer a Política Nacional de Inteligência Artificial.

Na justificação do projeto, o Senador Styvenson Valentim consigna:

> Diversas nações já implementaram estratégias voltadas para o desenvolvimento da Inteligência Arti-

ficial com a articulação de esforços que envolvem governo, indústrias e universidades.

Devido a sua importância estratégica para o desenvolvimento econômico e social, o Brasil não pode deixar de adotar uma política nacional especificamente focada na Inteligência Artificial.

Por essa razão, apresento esta proposição, destinada a instituir a Política Nacional de Inteligência Artificial no Brasil, com o objetivo de articular esforços e estimular a formação de um ambiente favorável à implantação de um ecossistema tecnológico que incorpore esse novo fator de crescimento (BRASIL, 2019c).

6.3 PL 21/2020 (CÂMARA DOS DEPUTADOS)

No início de 2020, o Deputado Federal Eduardo Bismarck (PDT/CE) apresentou o projeto de lei sobre a IA, que recebeu o nº 21/2020 e cuja ementa "estabelece princípios, direitos e deveres para o uso de inteligência artificial no Brasil, e dá outras providências".

De acordo com o parlamentar,

> O presente projeto de lei faz uma abordagem da IA centrada no ser humano, e tem como objetivo principal a adoção da IA para promover a pesquisa e inovação, aumentar a produtividade, contribuir para uma atividade econômica sustentável e positiva, melhorar o bem-estar das pessoas e ajudar a responder aos principais desafios globais.

> A expansão da IA exige transições no mercado de trabalho, e, atento a isto, o projeto criou deveres para o poder público para permitir a capacitação dos trabalhadores, bem como incentivá-los a se engajarem e adquirirem competitividade no mercado global. Ademais, a IA traz implicações para os direitos humanos, a privacidade e a proteção de dados, temas que foram tratados no projeto de lei, com observância das normas previstas na Lei Geral de Proteção de Dados que se aplicam ao tratamento de dados, ainda que utilizados em sistemas de IA.

> É preocupação também deste projeto de lei a inovação na gestão pública por meio da IA, para que o Estado supere obstáculos burocráticos e restrições orçamentárias e ofereça serviços mais eficientes à população.
>
> É preciso dar atenção, por fim, à segurança digital, fator essencial para a transformação decorrente da IA. Por isso, fomentou-se no projeto de lei um debate público da sociedade civil e do poder público para capturar o potencial benéfico das novas tecnologias, bem como foram previstos deveres direcionados ao gerenciamento de riscos (BRASIL, 2020).

Trata-se, inequivocamente, do projeto de lei mais abrangente sobre o tema. É referido no meio jornalístico como "Marco Legal da Inteligência Artificial".

É composto de 16 artigos, que dispõem, de forma estruturada, sobre conceitos, fundamentos, uso da IA, princípios, direitos das partes interessadas, deveres dos agentes de inteligência artificial e diretrizes para a atuação da União, dos Estados, do Distrito Federal e dos Municípios em relação ao uso da inteligência artificial.

O projeto define o agente de inteligência artificial como sendo a pessoa física ou jurídica, de direito público ou privado, ou mesmo ente sem personalidade jurídica, que participa do planejamento e design, coleta e processamento de dados e construção de modelo; de verificação e validação; ou de implantação do sistema de inteligência artificial; bem como aquele que participa da fase de monitoramento e operação do sistema de inteligência artificial, impondo-lhe deveres tendentes à mitigação dos riscos inerentes aos sistemas de IA. Esses deveres compreendem:

a) divulgar publicamente a instituição responsável pelo estabelecimento do sistema de inteligência artificial;

b) fornecer informações claras e adequadas a respeito dos critérios e dos procedimentos utilizados pelo sistema de inteligência artificial, observados os segredos comercial e industrial;

c) assegurar que os dados utilizados pelo sistema de inteligência artificial observem a LGPD;

d) implantar um sistema de inteligência artificial somente após avaliação adequada de seus objetivos, benefícios e riscos relacionados a cada fase do sistema e, caso seja o responsável pelo estabelecimento do sistema, encerrar o sistema se o seu controle humano não for mais possível;

e) responder pelas decisões tomadas por um sistema de inteligência artificial; e

f) proteger continuamente os sistemas de inteligência artificial contra ameaças de segurança cibernética.

A norma em elaboração institui o relatório de impacto de inteligência artificial, documento que descreve o ciclo de vida do sistema de inteligência artificial, bem como medidas, salvaguardas e mecanismos de gerenciamento e mitigação dos riscos relacionados a cada fase do sistema, incluindo segurança e privacidade.

Preveem-se a transparência e a explicabilidade dos sistemas de IA, mas também a preservação dos segredos comercial e industrial, buscando balancear os interesses de difícil conciliação na esteira da fórmula adotada pela vigente LGPD.

Vê-se que o texto em análise não institui qualquer sanção para o descumprimento de suas prescrições, como fazem a LGPD, o Marco Civil da Internet, o Código de Defesa do Consumidor e demais normas reguladoras de microssistemas jurídicos[53]. Também não define o órgão fiscalizador, nem a autoridade com poderes regulamentares para a matéria. Essas omissões devem ser imputadas ao disposto no 61, § 1º, II, "b", da Constituição da República, que reserva ao chefe do Executivo a iniciativa de lei que disponha sobre organização administrativa, constituindo-se, na prática, em intransponível limite à criação da lei pelo parlamentar, sob pena de incidir em inconstitucionalidade.

O projeto está, atualmente, na Comissão de Ciência e Tecnologia, Comunicação e Informática (CCTCI) da Câmara dos Deputados, aguardando parecer. A ele estão apensados os PL 240/2020, apresentado em 11 de fevereiro de 2020 pelo Deputado Federal Léo Moraes (Podemos/RO), que "cria a Lei da Inteligência Artificial, e dá outras providências", e o PL 4120/2020, protocolado no dia 7 de agosto de 2020, de autoria do Deputado Federal Bosco Costa (PL/SE), que "disciplina o uso de algoritmos pelas plataformas digitais na internet, assegurando transparência no uso das ferramentas computacionais que possam induzir a tomada de decisão ou atuar sobre as preferências dos usuários".

6.4 PL 872/2021 (SENADO FEDERAL)

O PL 872/2021, de autoria do Senador Veneziano Vital do Rêgo (MDB/PB) é o mais recente de que se tem notícia, sendo datado do dia 12 de março de 2021.

A ementa diz que o projeto "dispõe sobre o uso da Inteligência Artificial". Composto de 6 artigos, o texto é, inequivocamente, inspirado no PL 5691/2019, mas não o supera, seja por conter conceitos ainda mais vagos e imprecisos, seja pela previsão de regras de difícil harmonização com o estado da arte da tecnologia sobre a qual incide.

Tende a ser apensado ao PL 5691/2019, bem mais maduro.

O PL em comento define os seguintes parâmetros para o uso da IA no Brasil:

a) **Fundamentos**: a) o respeito à ética, aos direitos humanos, aos valores democráticos e à diversidade; b) a proteção da privacidade e dos dados pessoais; c) a transparência, a confiabilidade e a segurança dos sistemas; e d) a garantia da intervenção humana, sempre que necessária;

b) **Objetivos**: a) o crescimento inclusivo e do desenvolvimento sustentável; b) a pesquisa, do desenvolvimento tecnológico, da inovação e do empreendedorismo; e c) a melhoria da qualidade e da eficiência dos serviços oferecidos à população;

c) **Requisitos das soluções de IA**: a) respeitar a autonomia das pessoas; b) ser compatíveis com a manutenção da diversidade social e cultural e não restringir escolhas pessoais de estilo de vida; c) preservar os vínculos de solidariedade entre os povos e as diferentes gerações; d) ser abertas ao escrutínio democrático e permitir o debate e o controle por parte da população; e) conter ferramentas de segurança e proteção que permitam a intervenção humana; f) prover decisões rastreáveis e sem viés discriminatório ou preconceituoso; e g) seguir padrões de governança que garantam o contínuo gerenciamento e a mitigação dos riscos potenciais da tecnologia;

d) **Diretrizes para a atuação da União, dos Estados, do Distrito Federal e dos Municípios no desenvolvimento da Inteligência Artificial**: a) promoção da educação digital; b) criação de políticas específicas para a qualificação dos trabalhadores em tecnologia da informação e comunicação e em Inteligência Artificial; c) a garantia da adoção gradual da Inteligência Artificial; d) estímulo ao investimento público e privado em pesquisa e desenvolvimento da Inteligência Artificial no território nacional; e) promoção da cooperação entre os entes públicos e privados, as indústrias e os centros de pesquisas para o desenvolvimento da Inteligência Artificial; f) desenvolvimento de mecanismos de fomento à inovação e ao empreendedorismo digital, com incentivos fiscais voltados às empresas que investirem em pesquisa e inovação; e g) capacitação de profissionais da área de tecnologia em Inteligência Artificial.

Na justificação, o autor afirma que a proposição é destinada

> a internalizar em nosso ordenamento jurídico os marcos éticos e as diretrizes que fundamentam o uso da Inteligência Artificial no mundo, com especial destaque para a Declaração de Montreal e as recomendações da Organização para a Cooperação e Desenvolvimento Econômico (OCDE).

6.5 VISÃO GERAL SOBRE OS PROJETOS DE LEI

Temos, no momento presente, duas propostas mais promissoras em termos de projetos de lei sobre a Inteligência Artificial: a) no Senado Federal: o PL 5691, de 2019 (de autoria do Senador Styvenson Valentim); e b) na Câmara dos Deputados: o PL 21, de 2020 (de autoria do Deputado Federal Eduardo Bismarck).

Esses projetos têm em comum o mérito de envolver nossos legisladores nos debates mundiais em torno do tema e chamar a atenção da sociedade para os dilemas éticos que a IA nos apresenta.

A discussão pelas casas legislativas deve ser ainda mais festejada porque a recém-publicada EBIA faz revelar a pouca disposição do Poder Executivo em regulamentar a matéria, forte no entendimento de que regulações ou controles se contrapõem ao desenvolvimento da IA (BRASIL, 2021), em dissonância, portanto, com o pensamento da União Europeia, na iminência de instituir sua própria normatização.

O PL 5691/2019 eleva à categoria de normas jurídicas as prescrições éticas estabelecidas por organismos internacionais e grandes *players* do mercado. Não institui, porém, sanções para o descumprimento de suas normas, nem estabelece de fato um regramento sobre o assunto. Constitui-se em texto de pouca utilidade prática para a resolução das questões concretas advindas do emprego da IA. Estas continuarão a ser dirimidas pelas regras de maior aplicabilidade contidas no Código de Defesa do Consumidor, no Marco Civil da Internet ou mesmo na LGPD, quando muito interpretadas segundo os princípios, diretrizes e padrões de conformidade (item 6.2 supra) instituídos pelo projeto.

Nessa linha de raciocínio, Vale (2020, p. 636) afirma que o PL 5051/2019 é por demais simplório, quando contrastado com "iniciativas mais robustas", até porque não contempla o "detalhamento específico sobre a forma de operacionalização da transparência algorítmica".

A crítica é, a nosso ver, injusta.

O mérito do projeto do Senador Styvenson Valentim está em delinear uma política nacional relacionada à Inteligência Artificial e direcionar as ações decorrentes que são próprias do Poder Executivo. Não lhe seria possível ser mais incisivo.

De outro bordo, tem-se o PL 21/2020, que é o que mais se aproxima do esboço de um microssistema jurídico de Inteligência Artificial.

É um trabalho mais robusto, que se inicia pela conceituação dos entes que a lei pretende regular, seguindo técnica já consagrada em outras legislações, como a LGPD. A providência é bem-vinda, pois nem todos os operadores de Direito, incluindo os juízes, estão familiarizados com a tecnologia, de modo que a definição legal tende a ser útil para a hermenêutica jurídica.

Outro ponto que merece destaque no projeto é o que institui os agentes de inteligência artificial como pessoas físicas ou jurídicas, de direito público ou privado, ou entes sem personalidade jurídica, dedicados ao desenvolvimento e operação das soluções de IA. Essa previsão é importante para a definição dos deveres e das responsabilidades administrativa, civil e criminal desses atores, de acordo com a fase do ciclo de vida da aplicação.

A ideia da existência de um relatório de impacto de inteligência artificial é outro aspecto apreciável da legislação projetada e segue fórmula já consagrada no Direito nacional, de que são exemplos o ambiental, o de vizinhança, o de proteção de dados pessoais etc. Note-se, porém, que, o projeto não vai muito além disso nesse aspecto, pois esbarra no fato de que o parlamentar não pode sequer esboçar em seu texto o serviço público destinatário desse documento, em decorrência da regra constitucional já referida no item 6.3 supra, sob pena de maculá-lo de inconstitucionalidade.

Pela mesma razão, o projeto é omisso quanto aos mecanismos de fiscalização e sanção pelo descumprimento das regras que preconiza e não indica a autoridade com poder regulamentar da matéria, exigência derivada da necessidade de se adequarem e pormenorizarem as normas gerais no passo da evolução das tecnologias de IA.

É curial, portanto, que o projeto de lei em comento, embora de maior completude do que o que tramita no Senado Federal, não tem como prosperar. Suas lacunas não podem ser supridas por iniciativa do parlamento e a previsão no texto de órgãos da Administração induziria a inconstitucionalidade não sanável sequer pela sanção presidencial.

Nesse cenário, o PL 5691, de 2019, é o que merece maior atenção da sociedade e, entre os comentados, o de maiores viabilidade e aplicabilidade.

7. CONSIDERAÇÕES FINAIS

A presente obra evidenciou que a Inteligência Artificial, especialmente no campo da aprendizagem de máquina, experimentou uma notável evolução nos últimos anos, decorrência do aumento do poder computacional, da abundância de dados e da concepção de algoritmos mais robustos.

Demonstrou que, no âmbito da aprendizagem de máquina, os modelos mais eficientes e de maior acurácia aprendem com dados de entrada em incontáveis níveis de abstração que caracterizam as redes neurais profundas. Estabelecido que seus resultados não são completamente explicáveis sequer pelos programadores, tais modelos são conhecidos como algoritmos de "caixa preta".

Apresentou, em seguida, os esforços direcionados à explicabilidade algorítmica e à compreensão de vieses, concomitantes à tendência, cada vez mais sentida, de se delegar a aplicações de "caixa preta" a tomada de decisão em domínios sensíveis, tais como a da classificação de criminosos segundo a probabilidade de reincidir em práticas delitivas, da pontuação de crédito ou do reconhecimento facial.

Viu-se, assim, que a evolução da Inteligência Artificial reacendeu a preocupação com direitos humanos e que a Organização das Nações Unidas os reafirma em face da tecnologia. Nesse aspecto, foram apontados como merecedores de maior atenção os direitos à privacidade e à proteção de dados pessoais, a garantia contra a não-discriminação, o direito ao trabalho, a garantia ao devido processo legal e a garantia de que certas decisões finais sejam tomadas por humanos e não pela IA.

Constatou que a iniciativa privada e a sociedade civil organizada têm se atentado para os dilemas éticos surgidos com o uso da Inteligência Artificial e que vêm estabelecendo diversas diretrizes e códigos de ética para a construção de um padrão em torno da IA, ao argumento de que essa tecnologia deve beneficiar a humanidade e não a prejudicar.

Na mesma direção, discriminaram-se iniciativas de organizações internacionais no sentido da normatização da Inteligência Artificial, destacando a visão da Organização para a Cooperação e Desenvolvimento Econômico (OCDE), do G20, da União Europeia e do Vaticano sobre as boas práticas nesse campo.

Entendeu-se que o Regulamento Geral para a Proteção de Dados da União Europeia (GDPR) e a Lei Geral de Proteção de Dados (LGPD brasileira) incidem sobre a Inteligência Artificial, particularmente quando o conjunto de dados tratado pela aplicação contém informações pessoais.

Foram apresentados, em acréscimo, os eixos temáticos que compõe a recém-publicada Estratégia Brasileira de Inteligência Artificial (EBIA), com destaque para o de legislação, regulação e uso ético, demonstrando que o Poder Executivo considera preferível que se instituam normas que regulem soluções de IA específicas à edição de uma lei que estabeleça regras de caráter geral para a IA. Essa visão governamental produz uma lacuna normativa, dando ensejo ao surgimento de projetos de lei de iniciativa de parlamentares sobre o tema.

A obra analisou os projetos de lei nacionais sobre Inteligência Artificial à luz do processo legislativo constitucional e das limitações materiais impostas a Deputados e Senadores para a formulação de novas regras, concluindo-se que o projeto de lei nº 5691, de 2019, atualmente em trâmite, é o mais promissor entre os estudados, ainda que falho em termos de completude.

REFERÊNCIAS

ABBASI, Ahmed; KITCHENS, Brent; AHMAD, Faizan. **The Risks of AutoML and How to Avoid Them**. 24 out. 2019. Harvard Business Review. Disponível em: <https://hbr.org/2019/10/the-risks-of-automl-and-how-to-avoid-them>. Acesso em: 1 abr. 2021.

ANDERSON, Chris. **The end of theory**: the data deluge makes the scientific method obsolete. 23 jun. 2008. Wired. Disponível em: <https://www.wired.com/2008/06/pb-theory>. Acesso em: 23 mar. 2021.

AHUJA, Abhimanyu S.; REDDY, Vineet Pasam; MARQUES, Oge. Artificial intelligence and COVID-19: a multidisciplinary approach. In: **Integrative Medicine Research**, Volume 9, Issue 3, September 2020. Diposnível em: <https://doi.org/10.1016/j.imr.2020.100434>. Acesso em: 4 jun. 2021.

AWS. **Os fatos sobre a tecnologia de reconhecimento facial com inteligência artificial.** [s.d.]. Disponível em: <https://aws.amazon.com/pt/rekognition/the-facts-on-facial-recognition-with-artificial-intelligence/>. Acesso em: 14 abr. 2021.

BARIA, Anesse; CHAOUCHI, Mohamed; JUNG, Tommy. **Análise preditiva para leigos**. Traduzido por Wendy Campos. Rio de Janeiro: Alta Books, 2019.

BARROSO, Luiz Felizardo. A importância de um código de ética. In: **Revista da EMERJ**, v. 3, n. 9, 2000, p. 158-173. Disponível em: <https://www.emerj.tjrj.jus.br/revistaemerj_online/edicoes/revista09/Revista09_158.pdf>. Acesso em: 26 abr. 2021.

BOSSMANN, Julia. **Top 9 ethical issues in artificial intelligence.** 21 out. 2016. Word Economic Forum. Disponível em: <https://www.weforum.org/agenda/2016/10/top-10-

ethical-issues-in-artificial-intelligence/>. Acesso em: 22 abr. 2021.

BRASIL. Câmara dos Deputados. **Projeto de lei nº 21, de 2020**. Estabelece princípios, direitos e deveres para o uso de inteligência artificial no Brasil, e dá outras providências. Brasília, DF: Câmara dos Deputados, 2020. Disponível em: <https://www.camara.leg.br/proposicoesWeb/fichadetramitacao?idProposicao=2236340&ord=1>. Acesso em: 22 maio 2021.

______. **Lei nº 12.414, de 9 de junho de 2011**. Disciplina a formação e consulta a bancos de dados com informações de adimplemento, de pessoas naturais ou de pessoas jurídicas, para formação de histórico de crédito. Disponível em: <http://www.planalto.gov.br/ccivil_03/_ato2011-2014/2011/lei/l12414.htm>. Acesso em: 19 maio 2021.

______. **Lei nº 13.709, de 14 de agosto de 2018**. Lei Geral de Proteção de Dados Pessoais (LGPD). Disponível em: <http://www.planalto.gov.br/ccivil_03/_ato2015-2018/2018/lei/l13709.htm>. Acesso em: 19 maio 2021.

______. Ministério da Ciência, Tecnologia e Inovações. **Portaria GM nº 4.617, de 6 de abril de 2021**. Institui a Estratégia Brasileira de Inteligência Artificial e seus eixos temáticos. Disponível em: <https://www.in.gov.br/en/web/dou/-/portaria-gm-n-4.617-de-6-de-abril-de-2021-*-313212172>. Acesso em: 18 maio 2021.

______. Presidência da República. **Mensagem nº 288, de 8 de julho de 2019**. Brasília, DF: Presidência da República, 2019a. Disponível em: <http://www.planalto.gov.br/ccivil_03/_Ato2019-2022/2019/Msg/VEP/VEP-288.htm>. Acesso em: 18 maio 2021.

______. Senado Federal. **Projeto de lei nº 5051, de 2019**. Estabelece os princípios para o uso da Inteligência Artificial no Brasil. Brasília, DF: Senado Federal, 2019b. Disponível em: <https://www25.senado.leg.br/web/atividade/materias/-/materia/138790>. Acesso em: 23 maio 2021.

______. Senado Federal. **Projeto de lei nº 5621, de 2019**. Institui a Política Nacional de Inteligência Artificial. Brasília, DF: Senado Federal, 2019c. Disponível em: <https://www25.senado.leg.br/web/atividade/materias/-/materia/139586>. Acesso em: 22 maio

2021.

______. Senado Federal. **Projeto de lei nº 872, de 2021**. Dispõe sobre os marcos éticos e as diretrizes que fundamentam o desenvolvimento e o uso da Inteligência Artificial no Brasil. Brasília, DF: Senado Federal, 2021. Disponível em: <https://www25.senado.leg.br/web/atividade/materias/-/materia/147434>. Acesso em: 22 maio 2021.

______. Senado Federal. **Resolução do Congresso Nacional nº 1, de 1970**. Regimento Comum do Congresso Nacional. Brasília, DF: Senado Federal, 1970. Disponível em: <https://legis.senado.leg.br/norma/561098/publicacao/16433839>. Acesso em: 22 maio 2021.

BROOKSHEAR, J. Glenn. **Ciência da Computação**: uma visão abrangente. Traduzido por Eduardo Kessler Piveta. 11ª. ed., Porto Alegra: Bookman, 2013 [Kindle iOS version].

BRUCE, Peter e BRUCE, Andrew. **Estatística prática para ciência de dados**: 50 conceitos essenciais. Traduzido por Luciana Ferraz. Rio de Janeiro: Alta Books, 2019.

CARAPETO, Carlos e FONSECA, Fátima. **Ética e deontologia**: manual de formação. Ordem dos Engenheiros Técnicos – OET. Lisboa, 2012. Disponível em: <https://wiki.dcet.uab.pt/files/images/7/7f/Etica_Deontologia-Manual_Formacao.pdf>. Acesso em: 26 abr. 2021.

CARVALHO, André Ponce de Leon F. de. **Redes neurais artificiais**. [s.d.]. Disponível em: <https://sites.icmc.usp.br/andre/research/neural/index.htm#intro>. Acesso em: 28 mar. 2021.

CARVALHO, Diogo; PEREIRA, Eduardo M.; e CARDOSO, Jaime S. **Machine Learning Interpretability: A Survey on Methods and Metrics**. 26 jul. 2019. Disponível em: <https://www.mdpi.com/2079-9292/8/8/832>. Acesso em: 11 abr. 2021.

CHOLLET, François. **Deep learning with Python**. New York, NY: Manning Publications Co. 2018.

CHRISTIAN, Brian e GRIFFITHS, Tom. **Algoritmos para viver**: a ciência exata das decisões humanas. Tradução de Paulo Geiger. São Paulo: Companhia das Letras, 2017 [Kindle iOS version].

CONFEDEREÇÃO NACIONAL DA INDÚSTRIA. **Desafios para a in-**

dústria 4.0 no Brasil. Brasília: CNI, 2016. Disponível em <https://www.ipt.br/download.php?filename=1436-Desafios_para_a_industria_40_no_Brasil_CNI_2016.pdf>. Acesso em: 24 mar. 2021.

CORBETT-DAVIES, Sam; GOEL, Sharad. **The Measure and Mismeasure of Fairness**: A Critical Review of Fair Machine Learning. 14 ago. 2018. Disponível em <https://arxiv.org/pdf/1808.00023.pdf>. Acesso em: 7 abr. 2021.

COTS, Márcio e OLIVEIRA, Ricardo. **Lei Geral de Proteção da Dados Pessoais comentada**. 2ª ed. rev. e ampl. São Paulo: Thomson Reuters Brasil, 2019.

COUNCIL OF EUROPE. **Guidelines on Artificial Intelligence and Data Protection**. 25 jan. 2019. Disponível em: <https://rm.coe.int/guidelines-on-artificial-intelligence-and-data-protection/168091f9d8>. Acesso em: 9 maio 2021.

DEFENSE ADVANCED RESEARCH PROJECTS AGENCY [DARPA]. Arlington, VA. **Broad Agency Announcement**: Explainable Artificial Intelligence (XAI). 10 ago. 2016. Disponível em: <https://www.darpa.mil/attachments/DARPA-BAA-16-53.pdf >. Acesso em: 31 maio 2020.

DEMAJO, Lara Marie; VELLA, Vince; e DINGLI, Alexiei. An explanation framework for interpretable credit scoring. In: **International Journal of Artificial Intelligence and Applications** (IJAIA), v.12, n.1, jan. 2021. Disponível em: <https://papers.ssrn.com/sol3/papers.cfm?abstract_id=3784404>. Acesso em: 11 abr. 2021.

DONEDA, Danilo. O direito fundamental à proteção de dados pessoais. In: MARTINS, Guilherme Magalhães (org.). **Direito digital**: direito privado e internet, 2ª. ed., Indaiatuba, SP: Foco, 2019, p. 35-54.

FERRAZ, Carlos Alberto Medon Dias et. al. **Estatística básica**. 3ª. ed. rev. Indaiatuba (SP): Gráfica e Editora Vitória, 2017.

G20. **G20 Ministerial Statement on Trade and Digital Economy**. 2019. Disponível em: <https://www.mofa.go.jp/files/000486596.pdf>. Acesso em 9 maio 2021.

GARCIA, Ana Cristina Bicharra. Ética e Inteligência Artificial. In: **Revista da Sociedade Brasileira de Computação.** Porto Alegre, n.

43, p. 14-22, nov. 2020.

GÉRON, Aurélien. **Mãos à obra aprendizado de máquina com Sci-kit-Learn & TensorFlow**: conceitos, ferramentas e técnicas para a construção de sistemas inteligentes. Traduzido por Rafael Contatori. Rio de Janeiro: Alta Books, 2019 [Kindle iOS version].

GORZONI, Paula. **Inteligência Artificial**: riscos para direitos humanos e possíveis ações. Rio de Janeiro: Instituto Tecnologia e Sociedade (ITS Rio), 2019 (Artigo). Disponível em: <https://itsrio.org/wp-content/uploads/2019/03/Paula-Gorzoni.pdf>. Acesso em: 19 abr. 2021.

GRUS, Joel. **Data Science do Zero.** Traduzido por Welington Nascimento. Rio de Janeiro: Alta Books, 2016.

GUIDOTTI, Riccardo; MONREALE, Anna; PEDRESCHI, Dino. **The AI Black Box Explanation Problem**. mar. 2019. KDnuggets. Disponível em: <https://www.kdnuggets.com/2019/03/ai-black-box-explanation-problem.html>. Acesso em: 4 abr. 2021.

IBM. **Beyond the hype: a guide to understanding and successfully implementing artificial intelligence within your business**. Out. 2018. Disponível em: <https://www.ibm.com/downloads/cas/8ZDXNKQ4>. Acesso em: 14 mar. 2021.

______. **Data Responsibility@IBM**. [S. l.] [2017]. Disponível em: <https://www.ibm.com/blogs/policy/wp-content/uploads/2017/10/IBM_DataResponsibility-USLetter_WEB.pdf>. Acesso em: 22 fev. 2021.

IT FORUM. **Inteligência artificial fica mais acessível com nova versão do Analytics Workbench da Fico**. 1 out. 2018. Disponível em: <https://itforum.com.br/noticias/inteligencia-artificial-fica-mais-acessivel-com-nova-versao-do-analytics-workbench-da-fico/>. Acesso em: 11 abr. 2021.

JONES, M. Tim. **Machine learning and bias**. 27 ago. 2019. IBM. Disponível em: <https://developer.ibm.com/technologies/machine-learning/articles/machine-learning-and-bias/>. Acesso em: 8 abr. 2021.

KASPERSKY. **What is facial recognition: definition and explanation**. [s.d]. Disponível em: <https://www.kaspersky.com/resource-center/definitions/what-is-facial-recognition>. Acesso em: 14 abr. 2021.

KOPEC, David. **Problemas clássicos de ciência da computação com Python**. Traduzido por Lúcia A. Kinoshita. São Paulo: Novatec, 2019.

LEWIS, James A. e CRUMPLER, William. **Questions about Facial Recognition**. Center for Strategic and International Studies (CSIS), 2021. Disponível em: <https://www.csis.org/analysis/questions-about-facial-recognition>. Acesso em: 15 abr. 2021.

LIVRO BRANCO. In: **WIKIPÉDIA, a enciclopédia livre**. Flórida: Wikimedia Foundation, 2021. Disponível em: <https://pt.wikipedia.org/w/index.php?title=Livro_branco&oldid=60287048>. Acesso em: 10 maio 2021.

LUGER, George F. **Inteligência artificial**. Traduzido por Daniel Vieira. 6ª. ed., São Paulo: Pearson Education do Brasil, 2013.

MACIEL, Cristiano; NUNES, Eunice. Artificialmente humano ou humanamente artificial? In: **Revista da Sociedade Brasileira de Computação**. Porto Alegre, n. 43, p. 6-8, nov. 2020.

MARKOFF, John. How tech giants are devising real ethics for artificial intelligence. 1 set. 2016. The New York Times. Disponível em: <https://www.nytimes.com/2016/09/02/technology/artificial-intelligence-ethics.html>. Acesso em: 27 abr. 2021.

MELO, Ética e direito. 21 set. 2005. In: **Revista Âmbito Jurídico**, n. 23. Disponível em: <https://ambitojuridico.com.br/edicoes/revista-23/etica-e-direito/>. Acesso em: 26 abr. 2021.

MICROSOFT. **O que é AutoML** (machine learning automatizado)? 27 out. 2020. Disponível em: <https://docs.microsoft.com/pt-br/azure/machine-learning/concept-automated-ml>. Acesso em: 1 abr. 2021.

______. **The future computed**: artificial intelligence and its role in society. Redmond, Washington, 2018. Disponível em: <https://news.microsoft.com/uploads/2018/02/The-Future-Computed_2.8.18.pdf>. Acesso em: 30 abr. 2021.

MOLNAR, Christoph. **Interpretable machine learning**. A Guide for Making Black Box Models Explainable", 2019. Disponível em: <https://christophm.github.io/interpretable-ml-book/>. Acesso em: 3 abr. 2021.

MUELLER, John Paul e MASSARON, Luca. **Aprendizado de máquina para leigos**. Traduzido por João Tortello. Rio de Janeiro: Alta Books, 2019.

NERY JR., Nelson; ABBOUD, Georges. **Direito constitucional brasileiro** [livro eletrônico]: curso completo. 2ª. ed., rev., atual. e ampl. São Paulo: Thomson Reuters Brasil, 2019 [6Mb] [e-pub].

NEW YORK STATE DEPARTMENT OF FINANCIAL SERVICES. **Report on Apple Card Investigation**, mar. 2021. Disponível em: <https://www.dfs.ny.gov/system/files/documents/2021/03/rpt_202103_apple_card_investigation.pdf>. Acesso em: 13 abr. 2021.

OCDC. Recommendation of the Council on Artificial Intelligence OECD/LEGAL/0449. 21 maio 2019. Disponível em: <https://legalinstruments.oecd.org/en/instruments/OECD-LEGAL-0449>. Acesso em: 9 maio 2021.

PICHAI, Sundar. **AI at Google**: our principles. 7 jun. 2018. Disponível em: <https://www.blog.google/technology/ai/ai-principles/>. Acesso em: 29 abr. 2021.

PINHEIRO, Patricia Peck. **Direito digital**. 2ª. ed., 2ª. tir., rev. atual. ampl. São Paulo: Saraiva, 2008.

PINTO, Henrique Alves. A utilização da inteligência artificial no processo de tomada de decisões: por uma necessária accountability. **Revista de Informação Legislativa**: RIL, Brasília, DF, v. 57, n. 225, p. 43-60, jan./mar. 2020. Disponível em: <http://www12.senado.leg.br/ril/edicoes/57/225/ril_v57_n225_p43>. Acesso em: 22 fev. 2021.

ROBERTS, Michael et. al. Common pitfalls and recommendations for using machine learning to detect and prognosticate for COVID-19 using chest radiographs and CT scans, 15 mar. 2021. In: **Nature Machine Intelligence**. Disponível em: <https://www.nature.com/articles/s42256-021-00307-0>. Acesso em: 3 abr. 2021.

ROME. **Rome call for AI ethics**. 28 fev. 2020. Disponível em: <https://www.romecall.org/wp-content/uploads/2021/02/AI-Rome-Call-x-firma_DEF_DEF_con-firme_.pdf>. Acesso em: 13 maio 2021.

RUSSEL, Stuart; NORVIG, Peter. **Artificial Intelligence**: a modern approach. 2nd. ed. New Jersey: Pearson Education, Inc. 2003.

SALAS, Javier. **Google conserta seu algoritmo "racista" apagando os gorilas.** El Pais. 16 jan. 2018. Disponível em: <https://brasil.el-pais.com/brasil/2018/01/14/tecnolo-gia/1515955554_803955.html>. Acesso em: 15 abr. 2021.

SOFFNER, Renato. **Algoritmos e programação em linguagem C**. 1a. ed. São Paulo: Saraiva, 2013.

STONE, Peter et. al. **Artificial Intelligence and Life in 2030**. One Hundred Year Study on Artificial Intelligence: Report of the 2015-2016 Study Panel, Stanford University, Stanford, CA, Sept. 2016. Disponível em: <http://ai100.stanford.edu/2016-report>. Acesso em: 28 maio 2021.

THE ECONOMIST. **The world's most valuable re-source is no longer oil, but data**. Disponível em <https://www.economist.com/leaders/2017/05/06/the-worlds-most-valuable-resource-is-no-longer-oil-but-data>. Acesso em: 23 mar. 2021.

TMG. **Desenvolvimento de políticas de inteligência artificial**: impactos, princípios e desenvolvimentos na América Latina. Fev. 2020. Arlington, Virginia: Telecommunications Management Group. Disponível em: <https://www.tmgtelecom.com/wp-content/uploads/2020/07/TMG-Relatório-de-desenvolvimento-de-pol%C3%ADticas-de-inteligência-artificial.pdf>. Acesso em: 9 maio 2021.

UNIÃO EUROPEIA. **Livro branco sobre a inteligência artificial**: uma abordagem europeia virada para a excelência e a confiança. 19 fev. 2020. Comissão Europeia. Disponível em: <https://op.euro-pa.eu/pt/publication-detail/-/publication/ac957f13-53c6-11ea-aece-01aa75ed71a1>. Acesso em: 9 maio 2021.

______. **Regulamento Geral de Proteção de Dados da União Euro-peia** [Regulamento (UE) 2016/679 do Parlamento Europeu e do Conselho, de 27 de abril de 2016, relativo à proteção das pessoas singulares no que diz respeito ao tratamento de dados pessoais e à livre circulação desses dados e que revoga a Diretiva 95/46/CE (Regulamento Geral sobre a Proteção de Dados)]. 27 abr. 2016. Disponível em: <https://eur-lex.europa.eu/legal-content/PT/TXT/HTML/?uri=OJ:L:2016:119:FULL>. Acesso em: 16 maio 2021.

VAINZOF, Rony. Dados pessoais, tratamento e princípios. In: MAL-DONADO, Viviane Nóbrega e OPICE BLUM, Renato (coord.). **Comentários ao GDPR**: Regulamento Geral de Proteção de Dados de União Europeia. São Paulo: Thomson Reuters Brasil, 2018, p. 37-83.

VALE, Luís Manoel Borges do. A tomada de decisão por máquinas: a proibição, no Direito, de utilização de algoritmos não supervisionados. In: NUNES, Dierle; LUCON, Paulo Henrique dos Santos; e WOLKART, Erik Navarro. In: **Inteligência Artificial e Direito Processual**: os impactos da virada tecnológica no direito processual. Salvador: Editora Jus Podivm, 2020, p. 629-640.

VÁZQUEZ, Adolfo Sanches. **Ética.** 4ª. ed. Barcelona: Editorial Crítica, 1984.

WASHINGTON, Anne L. e KUO, Rachel. Whose side are ethics codes on?: power, responsibility and the social good. In: **FAT* '20: Proceedings of the 2020 Conference on Fairness, Accountability, and Transparency**, jan. 2020, p. 230-240. Disponível em: <https:// dl.acm.org/doi/10.1145/3351095.3372844>. Acesso em: 25 abr. 2021.

WASHINGTON, Anne L. How to argue with an algorithm: lessons from the COMPAS-ProPublica debate. **The Colorado Technology Law Journal.** Vol. 17-1. p. 131-160, 2018. Disponível em: <http:// ctlj.colorado.edu/?page_id=635>. Acesso em: 31 maio 2020.

ZEDNIK, Carlos. **Solving the black box problem:** a normative framework for explainable artificial intelligence. 20 dez. 2019. Disponível em <https://link.springer.com/article/10.1007%2Fs13347-019-00382-7> Acesso em: 27 mar. 2021.

---

[1] Luger (2013, p. 11-12) explica que o Teste de Turing, denominado pelo seu criador como "jogo de imitação", continua atual, apesar de suas limitações, particularmente o viés direcionado à solução de problemas puramente simbólicos. Pelo teste se propõe que um ser humano "interrogador" faça perguntas através de um terminal de texto a outro ser humano e a uma máquina colocados em salas separadas. As perguntas podem ser capciosas – como a indagação sobre um cálculo aritmético complicado ou a emoção ligada a um poema qualquer – e o computador deve saber quando não as responder para neutralizar alguma estratégia contida na questão com o intuito de revelar qual dos respondentes é o computador. Citam-se como características importantes do Teste de Turing: "1 – Ele tenta dar uma noção objetiva de inteligência, isto é, o comportamento de um

ser sabidamente inteligente em resposta a um conjunto particular de questões. Isso nos fornece um padrão para determinar a inteligência, evitando os debates inevitáveis sobre sua 'verdadeira' natureza; 2 – Ele evita que sejamos desviados por essas questões confusas e atualmente irrespondíveis, como, por exemplo, se um computador usa ou não os processos internos adequados ou se a máquina tem ou não consciência de suas ações; 3 – Ele elimina qualquer viés em favor dos organismos vivos, forçando o interrogador a focar apenas no conteúdo das respostas a questões".

[2] Mueller e Massaron (2019, p. 12) afirmam que o "verdadeiro nascimento da IA, conforme a conhecemos hoje, começou com a publicação de 'Computing Machinery and Intelligence' (Computadores e Inteligência), de Alan Turing, em 1950.

[3] Joseph Wizenbaum (1923-2008) foi professor emérito no MIT (*Massachusetts Institute of Technology*) e criador da linguagem de computação SLIP (*Symmetric LIst Processor*), usada na implementação dos primeiros softwares de processamento de linguagem natural (nota do autor).

[4] O software Eliza, escrito em MAD-Slip, é por vezes considerado o primeiro *chatbot* de que se tem notícia (nota do autor).

[5] Há quem diga que o marco de aprovação do Teste de Turing se estabeleceu em 2014, em evento organizado pela Universidade de Reading na Royal Society, de Londres, quando o chatbot "Eugene Goostman", um falso garoto ucraniano de 13 anos de idade e com um inglês imperfeito, convenceu 10 dos 30 juízes de que era um humano verdadeiro (nota do autor).

[6] De um modo bastante simplista, modelo é "a especificação de uma relação matemática (ou probabilística) existente entre variáveis diferentes" (GRUS, 2016, p. 141).

[7] A IBM já classificou em 4 os tipos de aprendizado de máquina, a saber: supervisionado, não supervisionado, por reforço e por transferência (IBM, 2018). De acordo com a empresa, a aprendizagem por transferência, ainda não citada neste trabalho, ocorre quando o algoritmo aprende a resolver um problema, pega a informação deste problema e então resolve um novo problema com essas informações. O exemplo oferecido é o do reconhecimento de imagens com rede neural pré-treinada. Hoje, a IBM parece optar por dividir as abordagens de aprendizagem de máquina nas seguintes categorias: aprendizado supervisionado, aprendizado não-supervisionado, aprendizado por reforço e aprendizado profundo (no original: *Supervised Learing, Unsupervised Learning, Reinforcement Learning and Deep Learning* (*Neural Networks*)), conforme se constata no portal da companhia especialmente dedicado ao assunto (Disponível em: <https://www.ibm.com/br-pt/analytics/machine-learning>. Acesso em: 14 mar. 2021) (nota do autor).

[8] Garcia (2020, p. 16) nos chama a atenção para o seguinte aspecto relacionado à dimensionalidade dos dados de treinamento: "parece um contrassenso, mas um modelo gerado que cubra 100% dos casos de treinamento é visto

com reservas por se considerar que tal modelo pode ter apenas 'decorado os exemplos' (*overfit*) sem ter extraído o padrão de mapeamento.

[9] Go é um jogo surgido na China há mais de 3000 anos e é mais complexo que o xadrez. Estima-se que comporte 10^{170} posições de tabuleiro possíveis. O programa de computador AlphaGo, baseado em redes neurais profundas, aprendeu a jogar com amadores e passou a compreender as regras das partidas. Na sequência, o AlphaGo jogou contra diversas versões de si mesmo e aprendeu com seus erros (aprendizagem por reforço), tornando-se, em 2016, o maior jogador de Go de todos os tempos (Cf. em: <https://deepmind.com/research/case-studies/alphago-the-story-so-far>. Acesso em: 27 mar. 2021.

[10] As GPUs, originalmente usadas para a renderização de imagens e vídeos, têm sido adaptadas para aplicações de IA, que requerem computação intensiva e processamento iterativo (nota do autor).

[11] Sobre os avanços da IA na medicina e algumas questões éticas derivadas, cf. FAGGELLA, Daniel. **Machine Learning Healthcare Applications – 2018 and Beyond**. Atualizado em: 19 maio 2019. Disponível em: <https://emerj.com/ai-sector-overviews/machine-learning-healthcare-applications>. Acesso em: 28 mar. 2021.

[12] O antecessor do neurônio da rede profunda é o *perceptron*, concebido em 1958 pelo psicólogo Frank Rosenblatt, no Cornell Aeronautical Laboratory. É um classificador linear simples. Recebe o conjunto de dados, os pondera e se ativa quando a soma ultrapassa certo limite, gerando valores 1 e 0 (nota do autor).

[13] A função linear não aplica transformação e, por isso, é raramente utilizada. Ela reduziria a rede neural e uma regressão com transformações polinomiais. Normalmente as redes neurais usam o sigmoide ou a tangente hiperbólica (MUELLER; MASSARON, 2019, 285).

[14] Uma compilação das diversas arquiteturas de redes neurais, com referências para artigos científicos a elas relacionados, pode ser encontrada em THE ASIMOV INSTITUTE. **The neural network zoo**. 14 set. 2016. Disponível em: <https://www.asimovinstitute.org/neural-network-zoo>. Acesso em: 1 abr. 2021 (nota do autor).

[15] No original: "there is an inherent tension between machine learning performance (predictive accuracy) and explainability; often the highest performing methods (e.g., deep learning) are the least explainable, and the most explainable (e.g., decision trees) are less accurate" (DARPA, 2016).

[16] No original: The problem of explainability is, to some extent, the result of AI's success. In the early days of AI, the predominant reasoning methods were logical and symbolic. These early systems reasoned by performing some form of logical inference on (somewhat) human readable symbols. Early systems could generate a trace of their inference steps, which then became the basis for explanation. As a result, there was significant work on how to make these systems explainable (Shortliffe & Buchanan, 1975; Swartout, Paris, & Moore,

1991; Johnson, 1994; Lacave & Díez, 2002; Van Lent, Fisher, & Mancuso, 2004). Yet these early systems were much less effective; they proved too expensive to build and were too brittle against the complexities of the real world. Success came as researchers developed new techniques that employed machine learning to construct models of the world in their own internal representations. These new techniques include support vector machines, random forests, probabilistic graphical models, reinforcement learning, and deep learning neural networks. Although these more opaque models are more effective, they are less explainable (DARPA, 2016)".

[17] Os direitos humanos têm sua origem no direito natural (ou jusnaturalismo), consistindo num sistema de normas de conduta universal e inviolável para a preservação dos valores inerentes à humanidade. A partir da proclamação da Declaração Universal dos Direitos Humanos, em 1948, esses direitos foram positivados em documentos internacionais, alçando status jurídico-normativo e fontes formais de direitos subjetivos. Essa qualidade permite que os direitos em questão sejam reclamados em juízo ou mesmo perante organismos internacionais (nesse sentido: WEISS, Carlos. **Direitos humanos contemporâneos**. 1a. ed., 2a. tir. São Paulo: Malheiros, 2006, p. 23).

[18] A Bloomberg descobriu, no início de 2016, que o serviço *Prime Free Same Day* da Amazon, que prometia a entrega no mesmo dia do produto comprado pelo site, não atendia aos bairros habitados predominantemente por negros em 6 grandes cidades dos EUA. Instada a se justificar, a empresa explicou que considerava diversos fatores para decidir quais localidades são elegíveis à modalidade, negando que entre eles estivesse a cor dos moradores (Cf. em: <https://www.bloomberg.com/graphics/2016-amazon-same-day/>. Disponível em: 3 abr. 2021). O caso é apontado pela Insider como evidência de que algoritmos "imparciais" podem se tornar "racistas" (Cf. em: <https://www.businessinsider.com/how-algorithms-can-be-racist-2016-4>. Acesso em: 3 abr. 2021).

[19] A abordagem GIRP está detalhada no trabalho de YANG, Chengliang, RANGARAJAN, Anand e RANKA, Sanjay. **Global Model Interpretation via Recursive Partitioning**, 2018. Disponível em: <https://arxiv.org/abs/1802.04253>. Acesso em: 11 abr. 2021. Um exemplo de implementação GIRP em Python pode ser encontrada no GitHub, em <https://github.com/west-gates/GIRP>. Acesso em: 11 abr. 2021 (nota do autor).

[20] De fato, os vieses podem preceder à obtenção dos dados e surgir já na definição do problema (as decisões do modelo serão tomadas para satisfazer o que se reputa justo – conceito indeterminado – ou por razões ligadas ao negócio, *v.g.*, a maximização do lucro?) (nota do autor).

[21] A escolha dos atributos (variáveis), por vezes considerada a "arte" do cientista de dados, influi na acurácia e nos vieses do modelo, mas somente aquela pode ser objetivamente medida (nota do autor).

[22] A expressão foi empregada por Donald Rumsfeld, ex-Secretário de Defesa dos EUA, em 2002, ao se referir à existência a armas de destruição em massa no Iraque. Diz respeito a circunstâncias que você não conhece, nem compreende

(nota do autor).

[23] Roberts (2021) revisou 62 artigos sobre o uso de aprendizagem de máquina para a detecção e prognóstico de Covid-19 usando radiografias de tórax e tomografias. Entre as técnicas observadas, 37 relacionavam-se à aprendizagem profunda, 23 abordaram o aprendizado de máquina tradicional e 2 tratavam de soluções híbridas (nota do autor).

[24] A Inteligência Artificial vem sendo empregada, igualmente, para o desenvolvimento de vacinas e antivirais contra o SARS-CoV-2, vírus causador do Covid-19. Ahuja, Reddy e Marques (2020) explicam que as aplicações de IA são capazes de filtrar trilhões de compostos e determinar quais deles são bons candidatos como componentes de uma vacina, encurtando em anos o tempo de seu desenvolvimento. Outra abordagem de IA para fazer frente à pandemia consiste, segundo os mesmos autores, na modelagem das mutações potenciais do novo coronavírus para adaptar vacinas e medicamentos à evolução do vírus. Além disso, os algoritmos de IA também podem ser treinados para detectar entre as drogas conhecidas aquelas com potencial de uso eficaz no tratamento da Covid-19 (nota do autor).

[25] Grus (2016, p. 142-143) observa, com propriedade, que "um perigo comum em aprendizado de máquina é o sobreajuste – produzir um modelo de bom desempenho com os dados que você treina, mas que não lide muito bem com os novos dados. Isso pode implicar o aprender com base no ruído dos dados. Ou, pode implicar em aprender a identificar entradas específicas em vez de qualquer fator que sejam de fato preditivos na saída desejada. O outro lado é o subajuste, produzindo um modelo que não desempenha bem nem com os dados usados no treino, apesar de que, quando acontece isso, você decide que seu modelo não é bom o suficiente e continua a procurar melhores".

[26] Os detalhes do caso, incluindo a argumentação oral e julgamento, podem ser consultados no site da Suprema Corte Americana, em <https://supreme.justia.com/cases/federal/us/430/349/>. Acesso: 29 abr. 2020.

[27] De acordo com o portal da FICO na Internet: "Entre os clientes da FICO estão mais da metade dos 100 maiores bancos do mundo, mais de 600 seguradoras de linhas pessoais e comerciais na América do Norte e na Europa, incluindo as 10 maiores seguradoras de linhas pessoais dos Estados Unidos, mais de 400 varejistas e comerciantes gerais, incluindo um terço dos 100 maiores varejistas dos EUA, 95 das 100 maiores instituições financeiras dos EUA e todos os 100 maiores emissores de cartão de crédito dos EUA, entre outros". Disponível em: < https://www.fico.com/br/about-us>. Acesso em: 11 abr. 2021.

[28] O roteiro de utilização do pacote pode ser encontrado em <https://community.fico.com/s/analytics-workbench-xai>. Acesso em: 11 abr. 2021 (nota do autor).

[29] Cf. em: <https://community.fico.com/s/blog-post/a5Q2E0000001czyUAA/fico1670>. Acesso em: 11 abr. 2021.

[30] Conselho de Direitos Humanos da ONU, A/HRC/32/L.20, 27 jun. 2016. Disponível em <https://www.un.org/ga/search/view_doc.asp?symbol=A/HRC/32/L.20>. Acesso em: 22 abr. 2021.

[31] O caso Cambridge Analytica, baseado na criação de perfis, ganhou notoriedade mundial pela sua suposta relação com o resultado da eleição presidencial americana de 2016. Dois anos antes, pesquisadores do Centro de Psicometria da Universidade de Cambridge solicitaram que usuários do Facebook baixassem um *app* e respondessem a um questionário sobre suas personalidades. Cerca de 270 mil pessoas atenderam à pesquisa, que, de acordo com o informado, destinava-se a fins acadêmicos. À época, o Facebook permitia que *apps* extraíssem informações de perfis do usuário extensíveis às de seus amigos e isso concedeu ao professor Aleksandr Kogan, responsável pela pesquisa, acesso a dados brutos de mais de 50 milhões de pessoas. Esses usuários foram classificados segundo o modelo teórico das ciências comportamentais conhecido como O.C.E.A.N., que reflete as características de indivíduos, considerados os parâmetros *Openess* (abertura para novas experiências); *Conscientiousness* (nível de consciência e preocupação com organização e eficiência); *Extroversion* (nível de sociabilidade e positividade); *Agreeableness* (amabilidade e empatia); e *Neuroticism* (intensidade emocional com que a pessoa reage diante das informações). Kogan, entretanto, passou a trabalhar para a Cambridge Analytica e entregou os dados coletados à empresa. Esta, por sua vez, dedicou-se à comunicação estratégica com os eleitores, gerando anúncios personalizados e mais efetivos, de acordo com a classificação dos perfis (nota do autor).

[32] Trata-se de uso da inteligência artificial para a produção de vídeos falsos, porém realistas, com a substituição dos personagens. Com a técnica, é possível fazer uma montagem que simule uma celebridade ou um político, por exemplo, em uma cena de sexo (nota do autor).

[33] Tradução livre de: "Looking ahead, we face some difficult – and yet exciting – research challenges in AI design. AI systems feed off of both positive and negative interactions with people. In that sense, the challenges are just as much social as they are technical. We will do everything possible to limit technical exploits but also know we cannot fully predict all possible human interactive misuses without learning from mistakes. To do AI right, one needs to iterate with many people and often in public forums" (LEE, Peter. Learning from Tay's introdution. 25 mar. 2016. Disponível em: <https://blogs.microsoft.com/blog/2016/03/25/learning-tays-introduction/>. Acesso em: 22 abr. 2021.

[34] Os códigos de "ética profissional" não correspondem exatamente aos códigos deontológicos. Estes versam sobre deveres e indicam o que é vedado, enquanto aqueles, mais abrangentes, tratam também dos direitos do profissional (nota do autor).

[35] A relação dos códigos de ética, identificados por seus títulos, pode ser encontrada no apêndice do trabalho de Washington e Kuo (op. cit.) (nota do autor).

[36] Cf. em: <https://www.partnershiponai.org/aiincidentdatabase/>. Acesso

em: 27 abr. 2021.

[37] Cf. em: <https://www.partnershiponai.org/about/>. Acesso em: 30 abr. 2021.

[38] Cf. em: <https://openai.com/about/>. Acesso em: 1 maio 2021.

[39] Cf. em: <https://openai.com/charter/>. Acesso em: 1 maio 2021.

[40] Sobre a difícil conciliação entre os objetivos da OpenAI de criar a primeira Inteligência Artificial Geral e de se manter fiel a seus princípios éticos, cf. HAO, Karen. **The messy, secretive reality behind OpenAI's bid to save the world**, 17 fev. 2020. MIT Technology Review. Disponível em: <https://www.technologyreview.com/2020/02/17/844721/ai-openai-moonshot-elon-musk-sam-altman-greg-brockman-messy-secretive-reality/>. Acesso em: 1 maio 2021 (nota do autor).

[41] Cf. The Toronto Declaration: Protecting the right to equality and non-discrimination in machine learning systems. Disponível em: <https://www.accessnow.org/cms/assets/uploads/2018/08/The-Toronto-Declaration_ENG_08-2018.pdf>. Acesso em: 9 maio 2021.

[42] Tradução livre de: "Designing AI to be trustworthy requires creating solutions that reflect ethical principles that are deeply rooted in important and timeless values. As we've thought about it, we've focused on six principles that we believe should guide the development of AI. Specifically, AI systems should be fair, reliable and safe, private and secure, inclusive, transparent, and accountable. These principles are critical to addressing the societal impacts of AI and building trust as the technology becomes more and more a part of the products and services that people use at work and at home every day" (MICROSOFT, 2018).

[43] Tradução livre de: "We firmly believe that artificial intelligence cannot and will not replace human decision-making, judgment, intuition or ethical choices. Companies must be able to explain what went into their algorithm's recommendations. If they can't, then their systems shouldn't be on the market. IBM therefore supports transparency and data governance policies that will ensure people understand how an AI system came to a given conclusion or recommendation. As society debates the implications of AI systems, IBM opposes efforts to tax automation or penalize innovation" (IBM, 2017).

[44] Cf. em: <https://aws.amazon.com/pt/rekognition/the-facts-on-facial-recognition-with-artificial-intelligence/>. Acesso em: 29 abr. 2021.

[45] Tradução livre de: "Examples that would violate the AWS Acceptable Use Policy include using results from Amazon Rekognition in manner that discriminates against national origin, race, color, religion, disability, sex, and familial status, or violates any other federal, state, or local laws. Amazon Rekognition should also not be used to make automated decisions that might result in a violation of a person's civil rights. Human review of facial recognition results should be used to ensure a person's civil rights are not violated. For example,

for any law enforcement use of facial recognition to identify a person of interest in a criminal investigation, law enforcement agents should manually review the match before making any decision to interview or detain the individual. In these cases, facial recognition matches should be viewed in the context of other compelling evidence, and not be used as the sole determinant for taking action". O texto está contido no "Report Amazon Rekognition Abuse". Disponível em: <https://pages.awscloud.com/rekognition-abuse.html>. Acesso em: 29 abr. 2021.

[46] Cf. em: <https://atozofai.withgoogle.com/intl/pt-BR/>. Acesso em: 29 abril 2021.

[47] Cf. em: < https://digital-strategy.ec.europa.eu/en/library/ethics-guidelines-trustworthy-ai > Acesso em: 10 maio 2021. Além dos sete requisitos citados no texto, o Grupo definiu 4 princípios éticos que constituem a base da construção de uma IA de confiança, a saber: a) respeito da autonomia humana; b) prevenção de danos; c) equidade; e d) explicabilidade (nota do autor).

[48] Nesse tópico, o Livro Branco também dispõe que o veículo autônomo deve possuir funcionalidades que lhe imponham restrições operacionais ao sistema de IA quando os sensores estiverem menos confiáveis, como quando há baixa visibilidade (nota do autor).

[49] Cf. em: <https://www.romecall.org/the-call/>. Acesso em: 13 maio 2021.

[50] Os dados pessoais são de tal modo preciosos para as organizações que muitas empresas oferecem serviços sofisticados e atraentes, de forma gratuita, com o intuito de capturá-los (nota do autor).

[51] A saber: no art. 6º, VI; no art. 9º, II; no art. 10, § 3º; art. 18, V; art. 19, II; art. 19, § 3º; art. 20, §§ 1º e 2º; art. 38, caput; art. 48, § 1º, III; art. 55-J, II; X e § 5º.

[52] A expressão "padrões de conformidade" não é originária do projeto de lei, tratando-se, pois, da interpretação do autor sobre do que se trata no artigo 4º do texto original (nota do autor).

[53] Microssistemas jurídicos se caracterizam por "normas com grande grau de autonomia e que regulam problemas novos que atravessam transversalmente o sistema, como ocorre com a atuação jurídica no mundo digital" (TEIXEIRA, Tarcísio; CALHEIROS, Tânia da Costa. Direito eletrônico: um microssistema setorial do direito pós-moderno. In: **Revista dos Tribunais**, vol. 986/2017, p. 345-362, dez. 2017. Disponível em: <https://www.revistadostribunais.com.br>. Acesso em 26 maio 2021).

AGRADECIMENTOS

Agradeço ao Prof. Dr. Renato Kraide Soffner pelas valiosas contribuições à presente obra.

Agradeço, também, ao meu irmão Hélio Ricardo de Souza Pimentel, pela percuciente revisão.

ABOUT THE AUTHOR

José Eduardo De Souza Pimentel

Mestre em Direito das Relações Sociais pela PUC/SP. Especialista em Gestão e Governança de Tecnologia da Informação pelo SENAC/SP. Bacharel em Direito pela Universidade Presbiteriana Mackenzie. Oficial da reserva da Polícia Militar do Estado de São Paulo. Formado em Tecnologia da Segurança da Informação pela FATEC de Americana. É Promotor de Justiça do Estado de São Paulo, atuando em Piracicaba, e foi Assessor do Procurador-Geral de Justiça entre 2008 e 2016. Nas horas vagas, programa em Python e C.